"读品悟"中学生体验阅读系列

◎丛书主编：张忠义

体验人生

点燃起信仰的明灯

◎本书主编：徐行贵

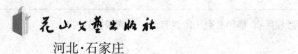
花山文艺出版社

河北·石家庄

图书在版编目（ＣＩＰ）数据

点燃起信仰的明灯：体验人生 / 张忠义主编. --
石家庄：花山文艺出版社，2005（2024.6 重印）
（"读品悟"中学生体验阅读系列）
ISBN 978-7-80673-568-8

Ⅰ．①点… Ⅱ．①张… Ⅲ．①语文课－中学－课外读
物 Ⅳ．①G634.303

中国版本图书馆CIP数据核字(2005)第008111号

丛 书 名："读品悟"中学生体验阅读系列
丛书主编：张忠义
书　　名：**点燃起信仰的明灯：体验人生**
　　　　　DIANRAN QI XINYANG DE MINGDENG: TIYAN RENSHENG

本书主编：徐行贵

策　　划：张采鑫
责任编辑：于怀新
特约编辑：李文生
装帧设计：北京九洲鼎图书有限公司
美术编辑：王爱芹
出版发行：花山文艺出版社（邮政编码：050061）
　　　　　（河北省石家庄市友谊北大街330号）
销售热线：0311-88643299/96/17
印　　刷：三河市中晟雅豪印务有限公司
经　　销：新华书店
开　　本：710mm×1000mm　1/16
印　　张：9.5
字　　数：170千字
版　　次：2005年4月第1版
　　　　　2024年6月第5次印刷
书　　号：ISBN 978-7-80673-568-8
定　　价：49.80元

目 录

品味人生

盘活自己

让心灵站立

拍卖你的生涯

人生是一杯酒，越老酒越醇；人生是一幅画，只有心存梦想的人才能为它涂抹五彩的色泽；人生是一杯苦咖啡，只有不时地加糖，才能品尝出它的美味……

品味人生

　　从呱呱坠地到长大成人,我们一直都在忙碌地追逐,心也被侵蚀得没有了方向,于是抛弃了童年和青春。站在朦胧的十字路口,我们彷徨,迷惘,思考人生的脚步走过心灵,没有声音,只是点亮了一盏灯。将诚信的种子撒满大地,我们将会收获精彩的人生。

月　台

◆艾　雯

多少次,我也曾被卸在月台,多少次,我也曾
从月台离去,我不知道自己的脚步又显出什么?

是起点也是终点,是开始也是结束;

是欢聚也是离散,是出发也是归宿。

从来没有一个地方,能汇集如许人的流动量,从来没有一个地方,能拥有如许悲欢离合。

从清晨到白昼,从黄昏到晚上,从黑夜到黎明,数不清的脚印,带着来自各地的泥土。重重叠叠,密密麻麻踩上去;有红色的土来自山间,有褐色的土来自田野,有黑色的土来自城市,有白色的土来自海滨。聚拢又散失,堆积又泻落,没有一粒种子能在土里长根,如同没有一双脚步会在这里驻留;缘因——

这只是流动的浮土,

这仅是过往的月台。

月台展延在任何一个城与城交接的地点,守望在任何一个城镇的边缘,它只是默默地伫候,骚扰不停的是人们,为生活、为名利、为野心、为梦想……来来去去,忙忙碌碌,这是个制造离散的时代,列车频频靠站又开走,卸下一批乘客在月台,又从月台上载走了另一批。来的脚步掩盖了去的脚印,去的脚步也覆盖了来的脚印。轻快的脚步播散着欢聚的愉悦,沉重的脚步载负着如许离愁,从容的脚步踱向预定的目标,匆促的脚步显示心情的迫切,迟缓的脚步缠绕于厌倦,悠闲的脚步只为一次探访,也有犹疑不稳的脚步,属于那迷失了自己的旅客。

多少次,我也曾被卸在月台,多少次,我也曾从月台离去,我不知道自己的脚步又显出什么?近年来,别离总多于团聚,失望总多于获得。寂寞、惆怅和一份深沉的苍凉,常是我密切的旅伴。离去不是离去,心仍萦留于亲情,归来不是归来,浮土又焉能扎根?

人生旅程中有无数的月台,生命旅途中有无数的驿站。所有台和站,只是供中途小憩,只是供转车再出发。别长期滞留,沉滞不是宁静,将使灵魂腐蚀;别长期停顿,停顿不是安定,将使生命萎靡。

是起点,但愿不是终点;

是开始,但愿不是结束;

是出发,归宿尚待寻求;

是离散,欢聚当可期待。

携着轻便的行李——装满信心和小小的愿望,我随时准备踏上人生的月台,只等待时间的列车来到,出发再出发!

月台,经过提炼,作者选择了"脚印"和"脚步"这两个意象。文章予以铺陈毕现其人世间的众生相。在作品的创造中,作者倾注感情的血液,让它在篇中回荡。作者又用了联想、延伸的手法,使文章进入了一个全新的境界。

1.作者在描述"脚印"和"脚步"两个意象时,倾注了真挚的感情,在文中找出几个句子说明这一点。

2.作者由"月台"联想到"人生",由时间联想到列车,这给读者怎样的启示。

人生的 ＋－×÷

◆牟丕志

与树立人生远大目标而言,人生树"近小"目标也是有其现实意义和科学因素的,这就是人生除法对我们的启示。

人生是一种自我经营过程。要经营就要讲核算,人生是离不开"＋－×÷"的。

人生需要用加法。人生在世,总是要追求一些东西,追求什么是人的自由,所谓人各有志,只要不违法,手段正当,不损害别人,符合道德伦理,追求任何东西都是合理的。比如,有的人勤奋工作,奋力拼搏,为的是升职;有的人风里来雨里去,吃尽苦头,为的是增加财富;有的人"头悬梁、锥刺股"发奋读书是为了增加知识;有的人刻苦研究艺术,为的是提高自己的文化品位;有的人全身心投入社会实践中,为的是增长才干……人生的加法,使人生更富有、更多彩。人在社会上不是孤立存在的,"人人为我,我为人人",从这一意义上讲,人生增加自己的内涵并不都意味着自私自利，而是对社会大有好处。传统观念中不赞成人们追名逐利，这是一种偏见，其实追名逐利对人生具有正面意义，是人生动力的主要源泉，所谓"名"无非是公众的认可，而"利"无非是物质利益，正是"世人熙熙，皆为利来，世人攘攘，皆为利往"。要想得到它们，需要不断努力才行。一个进步的社会应该鼓励个人用自己的双手，增加人生的价值，增加人生的内涵，使人生物质世界和精神世界都更加富有和充实。加法人生的原则是提倡公平竞争，不论在物质财富上还是在精神财富上胜出者，都应给予鼓励。加法人生是一种积极的人生。

人生需要用减法。人生是对立统一体。哲人说人生如车，其载重量有限，超负荷运行促使人生走向其反面。人的生命有限，而欲望无限。如此看来，学会辩证地看待人生、看待得失是十分必要的。有时，我们也应用减法，减去人生过重的负担，否则，负担太重，人生不堪重负，结果往往事与愿违。柳宗元在《柳河东集》中写的一篇文章《蝜蝂传》发人深思。蝜蝂是一种很会背东西的小虫子，爬行时遇到东西，它总要捡起来，抬起头来使劲地背上它，背的东西越来越重，即使疲劳到了极点，还是不停地往背上加东西。蝜蝂的脊背非常粗糙，东西堆积在上面散落不了。这样，蝜蝂终于被压得倒在地上爬不起来了。有人很同情它，便替它去掉背上的东西，但是它只要能够爬行，仍要背上许多东西，直到仆倒在地。蝜蝂喜欢往高处爬，用尽了力气也不停止，一直到摔死在地上为止。柳宗元借用蝜蝂告诉我们，人生既要有所取又要有所弃。人生应有所为，有所不为。著名科普作家高士其原名叫高仕镇，后改成了高士其，有些朋友不解其意，他解释说："去掉'人'旁不做官，去掉'金'旁不要钱。"高士其以惊人的毅力创作了50年，创作了500万字的科普作品。华盛顿是美国的开国之父，他在第二届总统任期期满时，全国"劝进"之声四起，但他以无比坚强的意志坚持卸任，完成了人生的一次具有重要意义的减法，至今美国人民仍每每自豪于华盛顿为美国建立的制度。

人生需要用乘法。人生的成功与否，与个人努力有关，更与机遇有关。哲人说，人生的道路尽管很漫长，但要紧处就那么几步。对于人生而言，奋斗固然重要，但能否抓住机遇也是十分关键的。在人生的关键时刻，一次努力能抵得上平时几次、几十次、几百次的努力，一年的奋争能抵得上几年甚至十几年的、几十年的奋争。从这一意义上讲，在关键时刻把握住人生就实现了人生的乘法。比尔·盖茨在人生关键时刻选择了微软，这一选择为他日后的辉煌奠定了基础，假如他当初不选择这一行，他完全可能变成一个普通的人。鲁迅当初是学医的，假如他不改行从事文学创作，他完全可能成为一名普通医生，也就没有作为文学巨匠的鲁迅了。人在关键时刻，需要勇气和耐心，道路选准了，奋斗才会有应有的回报，人生的亮色随之而来。

人生需要用除法。有人曾写下一个著名的幸福公式：幸福程度＝目标实现值÷目标期望值。也就是说，在目标实现值固定的前提下，目标期望值越高，幸福程度越低，而期望值越低，幸福程度越高。我们平时所说的"知足者常乐"也包含这种意思。依我看，人生不能寄期望值过高，树立理想是必要的，但树立的理想过于远大，超出了自己的自身能力和条件，那是十分有害的，这样容易造成人生的目标期望值和实现值反差太大，使人产生失败感、自卑感、失落感，步入自寻烦恼和自己较劲的怪圈。去年暑期，我的邻居家的孩子以较高的分数考取了一所重点大学，出人意料的是此学生大哭一场，此后一直闷闷不乐，原来他的奋斗目标是清华或北大，此目标没实现，从而陷入了极度的痛苦之中。看来，人生的除法法则确实在发挥作用，人生的期望值太高，很容易对人产生伤害。与树立人生远大目标而言，人生树"近小"目标也是有其现实意义和科学因素的，这就是人生除法对我们的启示。

人生是一本无字书，每个人都可以根据自己对人生的理解发表感慨，作者的立意新颖独到：人生是一种自我经营过程，要经营就要讲核算，人生是离不开"＋－×÷"的。加法人生是积极的人生，可以使人生更富有，更多彩；人生有限，欲望无限，有加必有减，人生才能平衡；关于乘法，是能抓住人生的机遇，实现人生的飞跃；人生需除法，他能缩小人的期望值。

1. 你对人生有何看法？你认为人生最需要的是什么？
2. 关于议论文的结构方式你知道几种？本文属于哪一种？
3. 试以《人生的喜怒哀乐》为题目作一篇议论文。

柔 韧 人 生

◆李含冰

> 水是柔韧的，可以九曲十八弯，却能汇入大海；小草是柔韧的，任风摇动，却可以铺展成万里大草原。

辽河滩里长着一种白柳，我很喜欢。

晨风中，一丛丛白柳长舒舞袖，摇动身姿，尽情地轻歌曼舞。也许是辽河水滋润的缘故，白柳条的性格极柔顺，修长的枝条可以做出各种图案：弯成一个圆儿，像十五的月亮；打成一个弯儿，又像女孩好看的细眉……因为白柳条宁弯不折，所以常有人用它编织出各种精美的工艺品。剥去外皮，剩下枝干，光滑泽白，任由抚弄。有多少天工之意，诗情画意，都可以糅入枝条一展神奇。

柔韧，让白柳条的生命增值。

人生何不如此？

当你面对挫折和失意时，应该柔韧一下自己，让生命展示一幅崭新的图案。于是，便有了一个全新的自我。

宁折不弯，不失为一种豪迈气概，但有许多时候"折"得不当，放弃一次就意味着永远地失去。

宁弯不折，不是无所作为的懦弱，而是一种审时度势的明智之举，一种力的积蓄；不是屈膝胆怯，而是一种新的追求，一种科学的选择。宁弯不折，是一道亮丽的风景，为岁月增添了动人的色彩。

有时退让可以更好地向前。

水是柔韧的，可以九曲十八弯，却能汇入大海；小草是柔韧的，任风摇动，却可以铺展成万里大草原。高山巨岩伟岸雄壮，需要有潺潺流水的滋润；雷鸣暴雨能洗涤大地，也有丝丝细雨润物。只有坚硬，没有柔韧，生活的画面就不能完整。坚硬有时让我们失去了不该失去的东西，柔韧有时却让我们得到了意想不到的东西。

柔韧和坚硬是书写人生的两支笔，交错着写下人生的欢笑与泪滴。柔韧和坚硬共同搭成一架阶梯，只有踏着这架阶梯，才有可能把我们承托到追求的高处……

宁折不弯是一种豪迈气概，而宁弯不折是一种审时度势的明智之举，一种力的积蓄，一种新的追求，一种科学的选择。

　　柔韧和坚硬是书写人生的两支笔，在某种程度上讲，柔韧就是一种坚强。

　　1.通读全文，文中提出的"宁弯不折"这一观点，如与陶渊明的"不为五斗米折腰"这一观点比，你更欣赏哪种？

　　2.阅读了作者的柔韧人生，你有什么体会，对你有什么启发和教益？

储 蓄 人 生

◆雁 鸣

　　学识的储蓄要锲而不舍。一个人从幼小到成熟的过程，就是不断地储蓄知识的过程。

　　人们在吃饱穿暖之后，知道了要储蓄，以便在需要的时候支取它，借助它走出困境。每当我清点一张张金额不大但令人鼓舞的存单时，心里就有一种感悟：人生，不也是储蓄吗？

　　一个人呱呱坠地，便开始储蓄真情。这一储蓄会伴随他或她走过一生。他们所储蓄的，是一种血肉相连的情感，是一笔超越时空的财富，无论离得多远、隔得多久，都可以随意支取和享用它们。有了亲情这笔储蓄，即使在物质上很贫困，精神上却是富有的；而不懂或丢失了亲情的储蓄，无异于泯灭了本性和良心。

　　友情，也是人生一笔受益匪浅的储蓄。这储蓄，是患难之中的倾囊相助，是错误路上的逆耳忠言，是跌倒时一把真诚的搀扶，是痛苦时抹去泪水的一缕春风。真正的友情储蓄，不是可以单向支取的，而要通过双方的积累加重其分量，任何带功利性的友情储蓄，不仅得不到利息，而且连本钱都会丧失殆尽。

　　爱情是一种幸福而艰苦的储蓄。一对陌路相遇的男女，婚前相恋固然需要执着的储蓄，而要在一个屋檐下应对几十年的风风雨雨，又需要储蓄多少和谐、多少默契、多少理解、多少扶助啊！这绝不是靠花前月下、甜言蜜语的一次性投入可以解决问题的。享用这笔储蓄如享用清冷中的一盆火、泥泞中的一缕阳光、患病时的一句深情的话语、彷徨时的一番温柔鼓励。爱情的常爱常新,需要月月储蓄、日日积攒。

学识的储蓄要锲而不舍。一个人从幼小到成熟的过程,就是不断地储蓄知识的过程。接受小学、中学、大学乃至更高的教育,这仅仅是储蓄知识的一个方面,重要的在于刻苦勤勉,日积月累,不断地充实和更新知识,坚持活到老学到老、"储蓄"到老。

人生需要储蓄的东西很多。储蓄人生,就是要储蓄人生中那些最宝贵、最难忘、最精致的部分,储蓄一切至真至善至美。一个人懂得储蓄什么,并知道怎样去储蓄,实在是一种智慧与幸运。

著名作家刘心武曾说:"人的一生有三种情感:亲情、友情、爱情。失其一者,是为遗憾;失其二者,是为可怜;失其三者,枉活一生。"因此,人生要储蓄的不仅仅是金钱,还应储蓄情感与学识,只有这样,你的人生才会是真正的富足。

1. 你所走过的人生中是否也有以上的储蓄呢,你知道该怎样去储蓄吗?

2. 读好的文章,犹如听智者至真的言谈,能让人获益匪浅。但古人云:"尽信书不如无书。"我们要学会思考与辨析,对作者的观点,你是否同意,请就此写出理由。

生 命 列 车

◆佚 名

> 让我们尽可能使旅行变得美好，设法同所有
> 旅客建立良好关系，努力发现每个人的优点。

生命犹如乘火车旅行，旅途中人们上上下下。在旅途中，不时有意外出现——有时会使人们感到意外的惊喜，有时则给人们带来深深的悲哀。

来到人间，我们登上生命列车，与一些人结伴而行。

原以为父母会永远陪伴着我们。遗憾的是，事实并非如此。他们在中途的某个车站下车，使我们成为失去其无法替代的爱抚与陪伴的孤儿。

然而，还会有一些在我们的一生中占据非常特殊地位的人上来。我们的兄弟姐妹、亲朋好友和亲密爱人会登上列车。乘坐列车的人中，有些仅仅在车上作短暂的停留，有些在旅途中遭遇的只是悲伤，而还有些人则永远准备为需要的人提供帮助。

很多人在下车时会给我们留下永久的怀念，有的则悄然离去，以至于我们都没觉察到他是何时离开座位的。

当发现非常亲密的人竟然坐在另外的车厢时，我们会感到极其惊讶。我们被迫与他们分开。当然，这并不能阻碍我们在旅途中艰难地穿过我们的车厢与他们会合……但遗憾的是，我们不能坐在他们的旁边，因为其他人已占据了座位。

尽管旅途中充满挑战、梦想、幻觉、等待和别离，但我们决不回头。

让我们尽可能使旅行变得美好，设法同所有旅客建立良好关系，努力发现每个人的优点。

我们经常会回忆起旅途中的某个时刻，和我们结伴而行的人可能会徘徊不定，而我们很可能必须要理解他们，因为我们常会犹豫不决和需要别人的理解。

最后，巨大的秘密是我们永远不知道在哪一站下车，更不清楚我们的伙伴——即使他们是此刻坐在我们身边的人——在哪儿离去。

我陷入沉思，当我下车离开时是否会抱有怀恋之情。

我想会的。与旅途中结识的一些朋友别离将是很痛苦的，但是回想一下旅途的经历，我们会感到欣慰；想到在某个时刻列车到达主要车站，伙伴们陆续上车，当时的我们是多么激动；想到我们曾经帮助他们并使其旅途变得更加愉快，我们会由衷地感到幸福。

我们应使这次很有意义的旅行变得平静安稳。这样做是为了当到了该我们下车的时候,我们的位置空了出来,但仍能给继续乘车旅行的人留下美好的回忆。

心灵体验

生命如同列车,我们每一个人都是这一趟生命列车的乘客,车的方向速度都不随我们的意志转移,甚至连上车的时间与方式也不是我们能控制的,我们所能干的只是呆呆地看,看各种各样的人在自己身边做各种各样的事,这些事或与自己有关或与自己无关,有时甚至自己也然有介事地干起来。然后身边的人与事又都一样地飞逝而过归于虚无,老乘客下了车,新乘客又上来……总之一切都是不确定的,因此,我们都要努力在短暂的人生中寻求所谓生存的意义,从有限的此岸达到永恒的彼岸世界。

放飞思维

1.本文是一篇关于生命的散文,你读后对生命有什么看法,请写出你对生命的理解。

2.请认真思考我们应当怎样使自己的人生旅途变得快乐,变得有意义?怎样给继续乘车旅行的人留下美好的回忆?

人生的金字塔

◆吴稼祥

人不可能总是处在平衡状态,健康的人生状态是:三大平衡不断被打破,又不断恢复。

比萨塔斜了,可以成为世界级的景观,但如果人生的金字塔斜了,即便是其中的一角斜了,从旁观者来看,它所引起的担忧和同情一定远远大于美感;从当事人看,他所体验的倾斜的痛苦也必定大于审美的快感。

人生的金字塔有三个支点:一是自我的生理平衡,二是自我的心理平衡,三是自我与环境的平衡。三个平衡中的任何一个平衡推动,都有可能导致其他两个平衡的推动,使人生瘫痪。

三大平衡中,心理平衡是最重要的,只要金字塔的这一角不塌,即使其他两个角都发生沉降,人生的斜塔也能得到扶正,所以,决定人生成败的关键是心理平衡能力。有的人不能经受环境的微微倾斜。上司的一次不轻不重的批评,足以让心理脆弱者去跳楼;而邓小平的三起三落,从巅峰到谷底,巍然不倒的是他挺拔的心理。

　　一发财一升官就露小人之态,也是一种心理失衡。有的人本来分量不重,在低处尚能站在地上,一被抬到高处,就会失重,就会像风筝一样飘荡,一缕微风就能让他把持不住自己。我看过某些上不了台面的家伙,一上了主席台就激动得十分稳重,十分严肃,那种本身并不具有的大人物感,那种生怕自己飘起来而使劲站稳脚跟的样子,我忍俊不禁。

　　倒霉而缺乏人生浮力的人,感到自己在沉没;走运而没有分量的人,觉得自己在飘然。不论是沉没,还是飘然,都是人生金字塔的倾斜,不同的是,沉没的金字塔毁灭的只是自己,飘起来的金字塔,如果塌下来,遭殃的就是与他有联系的整个事业和相关人员。

　　维护人生的三大平衡,才会让人生的金字塔高高矗立。体育锻炼可以保持生理平衡,心脏修炼可以维护心理平衡,求道与谋划可以恢复自我与环境的平衡。

　　人不可能总是处在平衡状态,健康的人生状态是:三大平衡不断被打破,又不断恢复。我们的身体内调节随时都可能发生问题,我们与环境的关系时时都在发生变化,昨天是座上宾,今天可能是阶下囚;昨天是穷光蛋,今天可能是大富豪。心理调节能力如果不能适应环境的变化,人生的金字塔就会不断摇晃。

　　在我国传统的文化中,法家和早期儒家重视自我与环境的平衡,主张用道和谋的手法保持和恢复这种平衡;道家和佛家重视心理平衡,为了心理平衡,他们甚至取消了人和环境的关系,把所有关系都变成自己的心理关系,太极思想既重视环境平衡,也重视心理平衡,它的人生哲学是金字塔的哲学:三大平衡缺一不可,一角坍塌,塔身不稳。

　　生理平衡,心理平衡,自我与环境的平衡是人生的金字塔的三个支点。心理平衡是最重要的,我们不能让这一支点有任何的坍塌。我们要适应环境的变化,无论是顺境还是逆境,人生的金字塔才会永不坍塌。

放飞思维

1.文章论述的是人生的金字塔,可它在开头提到比萨斜塔,这是为什么?

2.这两种心理失衡的情况分别会造成什么样的后果?哪一种更严重?

3.结合全文,用自己的话说说怎样才能让人生的金字塔在任何情况下都不至于倾斜坍塌?

激 情 人 生

◆ 黎 阳

醉过方知酒浓,爱过方知情重,尝试过方知个中的酸甜苦痛。不经历风雨,怎么见彩虹?

前几天编辑杂志时,从桌上厚厚的一堆稿件中发现了这样一篇文章,一个即将走出学校、步入社会的技校生的心语:"我只是一个中技生,一没文凭,二没工作经验,谁会用我们……往日的美好设想,变成了对现实的无奈,变成了每日的哀叹。我在大街上游荡,感觉像被社会抛弃的人……"

看罢,心中异常沉重。诚然,理想与现实是有差距的,有时甚至是很大的。当心中美好的憧憬与愿望同现实的无情与残酷发生猛烈的撞击时,身心就变得那般无力、那般无奈、那般脆弱、那般不堪一击。昔日的理想如同明日黄花,往日的激情恍若消逝流水,一去不返了。于是,就逐渐颓唐、悲观、怨天尤人,抑或是安于现状、得过且过,再或是被生活与岁月磨得无棱无角,看惯了平庸,习惯了世俗。总之,那曾经拥有的热情与梦想、昂扬与纯真都变得无影无踪;再没有了对生活的激情,人就在这已经逝去和即将逝去的日子里迷失了自己的希望和方向。我想,这样的人,即便是作为再普通不过的一个平常人,他也只是在活着,而不是在生活。美好的生活需要有追求来支撑,真正的人生需要有激情来做伴。

人生,是一个存在的过程。

人生,是一个不以生为始,不以死为终的过程。

曾几何时,我也觉得迷惘,也觉得无助。面对时光的飞逝,面对世事的纷纭,面对壮志的难酬,思绪万千,"实迷途其未远,觉今是而昨非",问天地之苍茫,叹人世之多变。然而,人生亦就是在这理想与现实中辗转,在这入世与出世中徘徊,在这有缘与无缘间漂泊。活着的时候因为精神的富足才具有生命,逝去了之后灵魂的永驻才能延续生命。人活着累一点儿、苦一点儿并不是问题,但一个人活着没有劲就大大的有问题了。无论生活怎样平凡与苦闷,无论人生怎样失意与压抑,都不要轻言没有了希望,都不要轻易放弃了努力。没有了一生的执着,没有了一生的激情,纵然是活着,又有何滋味?

醉过方知酒浓,爱过方知情重,尝试过方知个中的酸甜苦痛。不经历风雨,怎么见彩虹?也许我们应当感激上苍给我们的种种不平,种种磨炼。它使我们更加成熟、更加理性、更加清醒、更加坚忍。对我们来说,一时的不平与压抑又算得了什么?没有文凭就努力去拿,没有经验就努力去学,只要你心中还有梦,只要你还有对生活的激情。

有蓝天的呼吸,就不能让奋飞的翅膀在安逸中退化;有大海的呼唤,就不能让搏击的勇气在风浪前却步;有远方的呼唤,就不能让寻觅的信念在走不出的苦闷中消沉。

既然不相信宿命的发生,就要用实际行动去回答宿命;既然不相信命运的安排,就要敢于把命运发来的险球给它扣回去;既然不相信自己注定就是平庸,就要试着把自己投入铸就辉煌的惊心动魄之中。

把不满表达成上进,把委屈升华为不屈,把失意改写成冷峻。从一时的压抑中酝酿出一生的执着,从一时的失意中迸发出一生的激情。

生活,要有追求来支撑;人生,要有激情常相伴。

不同的人有不同的人生,鲁迅的人生是呐喊的人生,郁达夫的人生是颠沛的人生,梁实秋的人生是雅致的人生,胡适的人生是实用的人生,林语堂的人生是幽默的人生……何不把我们的人生过成激情的人生!

1.我们的生命、生活一定是不很完美的,却也能从中品味欢乐与温馨,结合自己的生命真实,展示不完美但多彩的人生。

2.你的人生是怎样的人生?你将怎样谱写你的人生呢?

完 美 人 生

◆佚 名

> 善的东西肯定是美的化身，但美的东西不一定表现为善，所以，没有善的美是一种欺骗。

鸟儿美于花园，因为它懂得怎样将花园中的五颜六色装点到自己的羽毛上，将花园中的乐曲集中于自己的啭鸣，狮子美于森林，因为它能够使森林的威严活生生地体现在它的威严之中。美是内心的愉悦，是心灵的光环，是精神的慰藉，谁的感觉和意识中充满了美，谁便永远青春。

笑自己幼稚，便开始告别幼稚；笑自己浅薄，便开始学会深刻；笑自己失策，便开始酝酿成功。是的：学会品味自己，品味生活了，人也就成熟了。

智慧使人认识危险，刚强使人蔑视危险，抗争使人抵御危险，坚忍使人抑制危险，果敢使人瓦解危险，搏斗使人战胜危险。

拒绝了失败和危险的考验，也就拒绝了铸造成功的良机。

失误被悔恨征服，离正确就不远了；挫折被毅力征服，离成功就更近了；主观被客观所征服，与真理就贴身了；狭窄被豁达征服了，胸襟就宽阔了；狂热被冷静征服，理智便成熟了……而这一切的征服，首先源于对自己的征服，所以只有征服了自己，才能征服生活中的一切不幸。

埋怨昨天时，今天失去了；埋怨命运时，青春萎缩了；埋怨艰难时，信念凋谢了；埋怨生活时，人生熄灭了。

可见，埋怨对于生命是一种消极，对于事业是一道残暴，对于人生是一个负数。

善的东西肯定是美的化身，但美的东西不一定表现为善，所以，没有善的美是一种欺骗。

真的东西肯定是美的雏形，但美的东西不一定表现为真，所以失去真的美实际上只是一种伪装。

等到我们可以"荣辱不惊，看庭前花开花落；去留无意，望天上云卷云舒"之时，人生就完美了。

作者以优美而富有哲理的语言,告诉我们要想塑造自己的完美人生,必须对自己充满自信,学会欣赏自己的一切,转一个角度去看问题,不要错过人生的点点滴滴。

追求完美,讲的是一种心态,只要有一颗平常的心,其实就做到了完美,完美是人性的纯真,完美是童稚的自然,完美是心田的宁静致远……

1.读完本文,你认为想要有完美的人生,应具备怎样的条件?

2.模仿"埋怨昨天时,今天失去了;……"的句式,写一段富有哲理的话。

注视一颗星星的命运

◆王晓露

不知是世道真的变了,还是人的本性就如此。

我感到一种挤压,一种身居哪里都被挤得喘不过气来的挤压。

在一隅孤独时,有一种静汹涌成潮,拍击我;有一种动凝结成无,茫然我;悲从中来,又以一种泪,撕扯我;在一种苦中不能自拔,就为寻找生的理由而头痛。

有人说,看一个人是否快乐,要看他清晨梦醒一刹那的表情。我自然不知自己那一霎时的面部表情,但我肯定知道那一霎时的心思:今天我该怎样活下去?我走过一段并不算短的苦难,我有过一腔不满也不浅的孤寂,唯有这段看似殷实的生活,让我无法抓住生命。

读书时,每读到"人生得一知己,足矣",就想,古人的胃口何曾这样小?漫漫人生,有多少俊男靓女同行,有多少能工巧匠为师为友,何言"得一知己足矣"?穿过熙熙攘攘的闹市,逃出笑语满天的"请请请,喝喝喝",方知这一至理名言,凝结了多少辛酸。

我在梦醒的一片虚无中自嘲、自恃,当然也自救。人生得意也好,失意也罢,照常人的思维,活着就是大幸。我不敢轻易放弃生命,因为我怕活着的人哪怕为我有一丁点儿的伤悲。一直认为，幸福是陶渊明笔下的桃花源，很遥远，更是难得，从不轻易用"幸福"来表达自己的生活。最近闲暇翻书，看到"人生求幸在枷中"便想，人们用"有大悲必有大喜"来安慰人，为啥不用"有大喜必有大悲"来警醒人呢？这样一想，又觉"幸"与"不幸"在我心中拉平了。

人生是一盘棋，杀得痛快淋漓，以轰轰烈烈的勇士之笑笑傲世事，抑或被杀得屁滚尿流，以残兵败将之态隐遁名利，那有什么？终归是一场游戏而已。

人生又不是一盘棋，因它有别于见一格布一子的棋盘，有别于茶余饭后的片刻消闲之心。说人生如游戏者，多因不得志，是对逃避现实心态的一种安抚。细想自己活过来的几十年，没有得意忘形，也没有失望如丧家之犬。平平凡凡，只为一份平平静静的心情。

不知是世道真的变了，还是人的本性就如此。我感到一种挤压，一种身居哪里都被挤得喘不过气来的挤压。不合时局的感觉处处为难我，迷乱了我生的愿望。我拼命地寻找维持生存的借口，茫茫人海，生命无数，可我的生命树啊，不知在哪里伸枝展叶？一天天变化的人，一天天变化的社会环境，好像是一夜间变成这样，我有些措手不及。挤，挤，挤，莫名其妙的挤如影子跟随我，我抖擞左右手，决心把手中拽着的东西给出去。给出去了，我轻松了许多，可这种轻松是没有根的漂浮。望着浩渺长天，我注视一颗星星的去向。它的坠落与升起，是那样的平和自然。我平和自然的话音，是否也需要理由呢？

心灵体验

人生，一个短暂而又漫长的历程，在这个历程中，有欢乐、有成功，也有悲哀，有失落。没有一个人的一生可以永远顺利，亦没有一个人会一辈子倒霉，只要你坚定信念，始终如一，所有的成功与失败都只能是生命长河中一朵不起眼的浪花。因此，不要因一次成功而飘飘然，不要因一次失败而一蹶不起。成功了，淡然视之；失败了，泰然处之……

放飞思维

1."穿过熙熙攘攘的闹市，逃出笑语满天的'请请请，喝喝喝'，方知这一至理名言（人生得一知己，足矣），凝结了多少辛酸。"这一句话反映了怎样的一个社会现象？

2.读完本文，你是否体会到作者的心情，试作分析。

时　间

◆蒋子龙

　　年轻、年盛的时候，一天可以干很多事；在世
上活的时间越长，就越抓不住时间。

　　人生的全部学问就在于和时间打交道。

　　有时一刻值千金，有时几天、几个月、几年乃至几十年，不值一分钱。

　　年轻、年盛的时候，一天可以干很多事；在世上活的时间越长，就越抓不住时间。

　　当你感到时间过得越来越快，而工作效率却慢下来了，说明你生命的机器已经衰老，经常打空转。

　　当你度日如年，受着时间的煎熬，说明你的生活出了问题，正在浪费生命。

　　当你感到自己的工作效率和时间的运转成正比，紧张而有充实感，说明你的生命正处于黄金时期。

　　忘记时间的人是快乐的，不论是忙得忘了时间，玩得忘了时间，还是幸福得忘了时间。

　　敢于追赶时间，是勤劳刻苦的人。

　　追上了时间，并留下精神生命和时间一样变成了永恒存在的，是天才。

　　更多的人是享用过时间，也浪费过时间，最终被时间所征服。

　　凡是有生命的东西，和时间较量的结果最后都要失败的。有的败得辉煌，有的败得悲壮，有的败得美丽，有的虽败犹胜，有的败得合理，有的败得凄惨，有的败得龌龊。

　　时间无尽无休，生命前赴后继。

　　无数优秀的生命占据了不同的时间，使时间有了价值，这便是人类的历史。

　　生命永远感到时间是不够用的。因此生命对时间的争夺是酷烈的，产生了许多骇人听闻的故事，如："头悬梁""锥刺股""以圆木为枕"等等。

　　时间是无偿赠送给生命的，获得了生命也就获得了时间，而且时间并不代表生命的价值。所以世间大多数生命并不采取和时间"竞争""赛跑"的态度，根据生存的需要，有张有弛，有紧有松，累得受不了啦，想闲；拥有太多的时间无法打发，闲得难受，就想找点事干，让自己紧张一下。

　　现代人的生存有大同小异的规律性。忙的有多忙？闲的有多闲？忙的挤占了

什么时间? 闲人又哪来那么多时间清闲?《人生宝鉴》公布了一个很有意思的调查材料——

一个人活了72岁,他这一生的时间是这样度过的:

睡觉20年,吃饭6年,生病3年,工作14年,读书3年,体育锻炼看戏看电视看电影8年,饶舌4年,打电话1年,等人3年,旅行5年,打扮5年。

这是平均数,正是通过这个平均数可以看到许多问题,想到许多问题,每个生命都是普通的,有些基本需求是不能不维持的。普通生命想度过一个不普通的一生,或者是消闲一生,该在哪儿节省,该在哪儿下力量,看看这个调查表便会了然于胸。

不要指望时间是公正的。时间对珍惜它的人和不珍惜它的人是不公正的,时间对自由人和监狱的犯人也无公正可言。时间的含金量,取决于生命的质量。

时间对青年人和老年人也从来没有公正过。人对时间的感觉取决于生命的长度,生命的长度是分母,时间是分子,年纪越大,时间的值越小,如"白驹过隙"。年纪越轻,时间的值就越大,"来日方长"。

时间,你以为它有多宽厚,它就有多宽厚,无论你怎样糟蹋它,它都不会吭声,不会生气。

时间,你认为它有多狡诈,它就有多狡诈,把你变苍老的是它,让你在不知不觉中蹉跎一生,最终后悔不迭的是它。

时间,你认为它有多忠诚,它就有多忠诚,它成全了你的雄心,你的意志。

有什么样的生命,就有什么样的时间。

一个人有什么样的时间观念,就会占有什么样的时间。

爱因斯坦创立相对论,证实时间与空间和物质是不可分割的,任何脱离空间的时间是不存在的,也是没有意义的。人如果能超光速旅行就会发生时间倒流,回到过去。倘若有一天人类能征服时间了,生命真正成了时间的主人,世界将是什么样子呢?

心灵体验　无视时间的人,会被时间抛弃,而被时间奴役的人同样也会被时间抛弃。给自己的时间一个既有原则又有人情味的安排,让自己充实而又轻松地活着。

放飞思维　1.想一想,怎样才会更好地利用时间?

2.作者说"不要指望时间是公正的,时间对珍惜它的人和不珍惜它的人是不公正的,时间对自由人和监狱的犯人也无公正可言。"你赞成他的观点吗?为什么?

人生的棋局

◆刘 墉

> 所幸者,人生的棋局,虽也是"起手无回",观
> 棋的人,却不必"观棋不语",于是功力差些的人,
> 找几个参谋,常能开创好的局面。

人生就像是一场棋,对手则是我们身处的环境,有的人能预想十几步,乃至几十步之外,早早便做好安排;有的人只能看到几步之外,甚至走一步,算一步。

与高手对招,常一步失策,满盘皆输;但是高手下棋,眼见的残局,却可能峰回路转,起死回生。

有的人下棋,落子如飞,但是常忙中有错;有些人下棋又因起初思考太多,弄得后来捉襟见肘。

有的人下棋,不到最后关头,绝不认输;有些人下棋,稍见情势不妙,就弃子投降。

棋子总是愈下愈少,人生总是愈来愈短,于是早时落错了子,后来都要加倍苦恼地应付。而棋子一个个地去了,愈是剩下的少,便愈得小心地下。赢,固然漂亮;输也要撑得久。输得少,才有些面子。

所幸者,人生的棋局,虽也是"起手无回",观棋的人,却不必"观棋不语",于是功力差些的人,找几个参谋,常能开创好的局面。但千万记住,观棋的参谋,也有他自己的棋局,可别只顾找人帮忙,而误了他枰上的厮杀。

如果你不知道计划未来,必是个很差的棋士;如果你没有参谋,必是很孤独的棋士;如果你因为输不起,而想翻棋盘,早早向人生告别,必是最傻的棋士。请问:你还有多少棋子? 你已有多少斩获? 你是不是应该更小心地,把所剩无几的棋子,放在最佳的位置。

心灵体验

人生就如一盘棋局,我们就生活在人生的棋盘上,有时候要单刀直入;有时候要团体作战;有时候要主动出击;有时候要躲避锋尖。你还有多少棋子?把所剩无几的棋子,放在最佳位置。

1.怎样理解文中最后一段话,请把你的感受写下来。

2.人生何止仅是棋局,只要我们用心去体验感悟,大自然的造化都可以与人生相比拟。面对丰富多彩的大千世界,凡有所遇,你作何联想呢?

情 感 人 生

◆钱 穆

> 人生在消极的反面的物质生活之上,犹有正面的积极的精神生活。

人生最真切的,莫过于每一个人自己内心的知觉。知觉开始,便是生命开始。知觉存在,便是生命存在。知觉终了,便是生命终了。让我们根据每一个人内心的知觉,来评判人生之种种意义与价值,这应该是一件极合理的事。

先就物质生活说起,所谓物质生活者,乃指衣食住行等而言,这些只是吾人基层最低级的生活,它在全部生活中,有其反面消极的价值。但人生继此以往,尚大有事在,不能就此认为是人生积极的正面。维持了肉体的生活,才始有人生,然不能说人生只在维持肉体的生存。试先就饮食言,饮食尤其是物质生活肉体生活中最低下的一种,虽说是最基本的,然而并不是最有意义的。没有饮食,便不能有一切的生活,然而饮食包括不尽人生之全部,而且也接不到人生之高处。现在再说衣服,衣服在物质生活上的功效,只是保持体温而已,此外再加一些轻软之感便完了。继此以往,不再有什么了。若人生专为衣着,则你试挑一身舒适的衣装穿上身,一度感到它的轻软温暖便够了,再没有可以使你更进求之的了。一切的衣着,最了不得,在你皮肤的触觉上,永远是那般。至于你穿着盛装出外交际,赴人会宴,那时你内心所感觉的,不仅在保暖上,那已超出了肉体生活物质生活之外,自然又当别论。住与行,依此推知,不再说。

人生在消极的反面的物质生活之上,犹有正面的积极的精神生活。试先言艺术的生活,亦可说是爱美的生活。当人类文化初演之时,在其于肉体生活消极方面稍得满足,便会闯进爱美的人生。我们发现初民的洞壁上往往有精致优美的画图,他们遇到风月佳景,也会在洞外舞唱。不用说,这些都是爱美人生之初现。即就一婴孩言,当他喝饱了奶,安稳地睡在摇篮里,有光明的线条射到他的眼帘,或是和

21

柔的声浪鼓荡他的耳膜，他内心也会发生一种生命的欣喜。渐渐大了，长成了，一切游戏、歌唱、跳舞、活泼泼地，这不是一种艺术的人生吗？所以艺术人生也是与生俱来的。然而这种人生，却能引领你投入深处。一个名厨，烹调了一味菜，不至于使你不能尝。一幅名画，一支名曲，却有时能使人莫名其妙地欣赏不到它的好处。它可以另有一天地，另有一境界，鼓舞你的精神，诱导你的心灵，愈走愈深入，愈升愈超卓。你的心神不能领会到这里，这是你生命之一种缺憾。人类在谋生之上应该有一种爱美的生活，否则只算是他生命之夭折。

其次说到科学人生，也可说求知的人生，此亦与生俱来。初民社会，没有知道用火，但渐渐地发明了用火。没有知道运用器械，但渐渐地发明了各种器械。由石器铜器铁器而渐渐达到运用电，运用原子能。这一连串的进步，莫非是人生求知的进步，即是科学的进步。就初生婴孩而言，他只遇到外面新奇的事物，他也早知道张眼伸手，来观察，来玩弄，反复地，甚至于破坏地来对付它，这些都是科学人生求知人生之初现。你具备着一副爱美的心情，你将无所往而不见有美。你具备着一副求知的心情，你将无所往而不遇有知。纵使你有所不知，你也能知道你之不知，这也已是一种知了。所以爱美求知，人人皆能。然而美与知的深度，一样其深无底，将使你永远达不到他的终极之点。人生在此上才可千千万万年不厌不倦无穷无尽不息不已地前进。

再次说到文学人生。艺术人生是爱美的，科学人生是求知的，文学人生则是求真的。艺术与科学，虽不是一种物质生活，但终是人类心灵向物质方面的一种追求与闯进，因他们全得以外物为对象。文学人生之对象则为人类之自身。人类可说并不是先有了个人乃始有人群与社会的，实在是先有了人群与社会乃始有个人的。个人必在人群中乃始有其生存之意义与价值。人将在人群中生活，将在别人身上发现他自己，又将在别人身上寄放他自己。若没有别人，一个人孤零零在此世，不仅一世生活将成为不可能，抑且其全部生活将成为无意义与无价值。人与人间的生活，简言之，主要只是一种情感的生活。人类要向人类自身找同情，只有情感的人生，始是真切的人生。喜怒哀乐爱恶欲，最真切的发现，只在人与人之间。其最真切的运用，亦在人与人之间。人生可以缺乏美，可以缺乏知，却不能缺乏同情与互感。没有了这两项，哪还有人生？只有人与人之间始有同情互感可言，因此情感即是人生。人要在别人身上找情感，即是在别人身上找生命。人要把自己的情感寄放在别人身上，即是把自己的生命寄放在别人身上。若人生没有情感，正如沙漠无水之地一棵草，礓石瓦砾堆里一条鱼，将根本不存在。人生一切的美与知，都需在情感上生根，没有情感，亦将没有美与知。人对外物求美求知，都是间接的，只有情感人生，始是直接的。无论初民社会，乃及婴孩时期，人生开始，即是情感开始。剥夺情感,即是剥夺人生。情感的要求,一样其深无底。千千万万年的人生,所以能不厌不倦,无穷无尽,不息不止地前进,全借那种情感要求之不厌不倦,无穷无尽,不息不止在支撑,在激变。然而爱美与求知的人生可以无失败,重情感的人生则必然会有失败。因此爱美与求知的人生不见有苦艰,重情感的人生则必然有苦痛。只要你真觉得那物美,那物对你也真成其为美。只要你对那物求有知,那物也便可成为你之知。因不知亦便是知,你知道你对他不知,便是此物已给你以知了。因此说爱美求知可以无失败,因亦无苦痛。只有要求同情与互感,便不能无失败。母爱子,必要求子之同情反应。子孝母,也必要求母之同情反应。但有时对方并不能如我所要求,这是人生最失败,也是最苦痛处。你要求愈深,你所感到的失败与苦痛也愈深。母爱子,子以同情孝母,子孝母,母以同情爱子,这是人生之最成功处,也即是最快乐处。你要求愈深,你所感到的成功与快乐也愈深。人生一世悲欢离合、可歌可泣,全是情感在背后做主。夫妇,家庭,朋友,社团,废寝忘食,死生以之的,一切的情与爱,交织成一切的人生,写成了天地间一篇绝妙的大好文章。人生即是文学,文学也脱离不了人生。只为人生有失败,有苦艰,始有文学作品来发泄,来补偿。人类只有最情感的,始是最人生的。只有喜怒哀乐爱恶欲的最真切最广大最坚强的,始是最道德的,也即是最文学的。换言之,却即是最艺术最科学的,也可说是最宗教的。你若尝到这一种滋味,较之喝一杯鸡汤,穿一件绸衣,真将不知有如天壤般的悬隔呀。

请你用你内心的知觉来评判人生一切价值与意义,是不是如我这般的想法说法呢?

在所有的人生体验中,情感是人生的基础,没有情感,就无从谈人生。情感派生出人生一切的欲望与追求。物质人生,艺术人生,科学人生,文学人生都无法触及人生的根本。

1.对于人生,你是怎么看的?

2.撇开作者对人生的剖析,请以你内心的知觉来评判,人生一切价值与意义。

脚 步 声

◆陆文夫

心中的目标虽然难以达到,脚步却也没有白费,每走一步都是有收获的。

我走过湖畔山林间的小路,山林中和小路上只有我,林鸟尚未归巢,松涛也因无风而暂时息怒……突然间听了自己的身后有脚步声,这声音不紧不慢,亦步亦趋,紧紧地跟着我。我暗自吃惊,害怕在荒无人烟的丛林间碰上了剪径。回过头来一看:什么也没有,那声音原来就是自己的脚步声。

照理不应该被自己的脚步声吓住,因为在少年时我就在黑暗无人的旷野间听到过此种脚步。那时我住在江边的一个水陆码头上,那里没有学校,只有二里路外的村庄上有一位塾师在那里教馆,我只能去那里读书,那位塾师要求学生们苦读,即使不头悬梁,锥刺股,却也要"闻鸡起舞",所谓闻鸡起舞就是在鸡鸣时分赶到学塾里去读早书。农村里没有钟,全靠鸡报时。雄鸡一唱天下并不大白,鸡叫头遍时只是曙色萌动,到天下大白还有一段黎明前的黑暗。我在这黑暗中向两华里之外的学塾走去,周围寂静无声,却听到身后有沙沙的脚步声,好像是谁尾随着我,回头看时却又什么也没有。那时以为是鬼,吓得向前飞奔,无论你奔得多快,那声音总是紧紧相随,你快它也快,你停它也停。奔到学塾里上气不接下气地告诉塾师,塾师睡在床上教导我说:"你不要怕鬼,鬼不伤害读书人,你倒是要当心人,坏人会来剥你的衣裳,抢你的钱。"

老师的教导我终身不忘,多少年来我在黑暗的旷野中行走时从来不怕鬼,只怕人,怕人在暗地里给你一拳,或者是背后捅你一刀。不过,这种担心近年来也淡忘了,因为近年来很少在黑暗的旷野中行走,也很少听到自己的脚步声。

是的,我听不到自己的脚步声已有多年了,多年来在繁华的城市里可以听到各种各样奇妙的声响:有慷慨陈词,有窃窃私语,有无病的呻吟,也有无声的哭泣;有舞厅里重低音的轰鸣,也有警车呼啸着穿城而过……喧嚣,轰鸣,什么声音都有,谁还能听到自己的脚步声?

要想听到自己的脚步声,好像必须是在寂寞的时候,在孤苦的时候,在泥泞中跋涉或是穿过荒郊与空林的时候,这时候你才能清晰地听到自己的脚步声:那么沉重,那么迟疑,那么拖沓而又疲惫?踟蹰不前时你空有叹息,无故狂奔后又不停地喘息。那种脚步声能够清楚地告诉你,它永远也不可能把你送到你心中的目的地。

在都市的喧嚣声中，凡夫俗子们不可能听到自己的脚步声，你一出门甚至不出门便可听到整个的世界有一种嗡嗡的轰鸣，分不清是哭是笑是哽咽，分不清是争吵不休还是举杯共饮，分不清是胡言乱语还是壮志凌云，分不清那事物到底是假是真，分不清来者是哪个星球上的人？弄到最后你自己也分不清自己了，人人都好像不是用自己的脚在走路，而是被一种看不见的力量在往前推。很难听得见自己的脚步声了，只听得耳边价呼呼风响，眼面前车轮滚滚，你不知道是在何处，忘记了是从哪里来，又到哪里去？行动就是一切。

偶尔回到空寂的林间来了，又听到了自己的脚步声。听到这种声音的时候，似乎觉得有一股和煦的风，一股清洌的水穿过了心头。好像又回到了青少年时代，好像又回到了孤寂的时候。仔细听听，还是那从前的脚步声；悠闲而有些自信，只是声音变得更加轻微，还有疲惫之意。是的，我从乡间走来，迈过泥泞的沼泽，走过碧野千里，那脚步当然会失去了原有的弹跳力。可它还是存在着，还是和我紧紧相随，有这一点也就聊以自慰。我不希望那脚步会把我送到我心中的目的地，那个目的地是永远也不会到达的，如果我能到达的话，后来者又何必去跋涉？

心中的目标虽然难以达到，脚步却也没有白费，每走一步都是有收获的。痛苦是一种收获，艰难是一种收获，哭泣也是一种必不可少的体验，要不然你怎么会知道欢乐、顺利和仰天大笑是什么滋味？能走总是美好的。我不敢多走了，在湖边的岩石上坐下来，想留下前面的路慢慢地走，不必那么急匆匆地一下子就走完。

太阳从不担心明天的路，一下子就走到了水天相接处，依偎在一座青山的旁边。我向湖中一看，突然看见有一条金色的光带铺在平静的湖水上，从日边一直铺到我面前，铺到我脚下的岩石边，像一条宽阔的金光大道，只要我一抬脚，就可以沿着这条金光大道一直走到日边，走到天的尽头，看起来路途也不遥远，走起来也十分方便。这种景象我见过多次了，它是一种诱惑，一种人生的畅想曲，好像生活的路就是一条金色的路，跃身而下就可以走到天的尽头，走到你心中设想的目的地。可你别忙，你只需呆呆地在岩石上多坐片刻，坐到太阳下沉之后，剩下的就只有一片白茫茫的湖水，你没有金光大道可走，还得靠那沉重的脚步老老实实地挪向前。

心灵体验

文章结尾的湖光山色美不胜收，富有象征意味：金光大道的景象往往是一种诱惑，一种人生的畅想曲。令人不禁想入非非，跃身而下，只有岁月会在时间的沉淀中告诉你——没有金光大道，只有走在路上的脚步才是最真实的，那是生命的足迹。

25

1. 本文结尾向我们揭示了什么样的人生哲理？
2. 在许多人眼中，幸福与快乐才是收获，而作者却说"痛苦是一种收获，艰难是一种收获，哭泣也是一种必不可少的体验"，请结合自己的生活体验谈谈你的理解。
3. 作者在文中主张人要经常倾听自己的脚步声，你对此有何看法？

捕 猎 人 生

◆ 沈 欣

> 人，生来就是为了增加快乐的——众说纷纭的人生其实就这么简单。

人生像一行迹飘忽的猎物，人们驰骋畋猎，张弓放箭，却每每箭走偏锋，失之交臂。而言称捕获者，也往往是得之玑羽，而失之鹏鲸。

不妨先看一看有名的捕手们手中的猎物：

尼采认为："人类是一根系在兽与超人之间的软索——一根悬在深谷上的软索……人类之伟大处，正在它是一座桥而不是一个目的。人类之可爱处，正在它是一个过程与一个没落。"在尼采看来，人生本身了无意思，它不过是为另一个"有意思"的目的做铺垫。

被称为"悲剧大师"的叔本华承认人生是存在的，但是他说"生命的本质就是苦恼"。人生是"事先就知道肥皂泡总是要破灭的，但仍然要把它吹得更大更久远"的一种无奈。

罗素对人生的理解更容易为我们接受些。他把人生归纳为两部分：道德的与竞争的。前者给人带来快乐，后者给人带来烦恼与痛苦。罗素认为，真正的人生是一座圣殿。人是能够进入"圣殿"的，只是在进入之前要"穿越一个黑暗的大洞穴。大洞穴之门是绝望，它的地面是用令人放弃希望的墓石铺筑的。自我必须在那儿死亡；渴求和未驯服的欲望，必须在那儿窒息，唯有如此才能使灵魂从命运的主宰中解放出来。但在穿越大洞穴之后，自我克制之门又一次重新带来智慧的照耀。在智慧光辉的照耀下，新的领悟，新的欢娱，新的柔情，欣喜着朝圣者的心灵。"罗素所说的"洞穴"与尼采的"桥"有异曲同工之妙，然而细思之又不尽相同，在尼采那里，过了桥，人生就结束了。但在罗素那里，过了洞穴，人生还在继续展示着，而且更加壮丽辉煌。

蒙田以其飘逸的才思与清丽的文字曾让无数读者耽读入迷,但这位不凡的思想家对人生的论述却平凡得不能再平凡。他说人生就是一个旅程,死亡则是旅程的终点。他也认为生活的快乐来自道德,而不是权力。他说:"我们的最终目的,即使在道德方面亦是快乐……这快乐,正因为它是更健康的、更强劲、更粗壮、更男性而更切实。因为这种快乐比较温柔、敦厚、自然……"他还认为道德赐给我们的最大祝福是"不惧怕死亡"。他对人生的态度显得很平和,而且把"平和地死去"看得十分重要。

掩卷沉思,低回吟味,蒙田的思想深足景仰,罗素的"洞穴说"极耐玄思。然而对尼采的"软索说"则不敢赞一词。人生是一个过程,但绝不是一个没落,也绝非只存在兽与超人。人的思想、意志与品质可以超越。人也可以超越自我,但是人本身是不可超越的(人不能变成非人)。人生的意义就存在于人的现实生命中,而不是寄托在"超越"之后的超人身上。

向叔本华求教人生无异于问道于盲。"生命的本质是苦恼"的论断有些牵强穿凿。洛克所说的比较接近于客观——追求快乐是人的本性。其实,苦恼恰恰产生于逆生命的过程,其本质就是中止生命,显然它是与生命背道而驰的。逆生命过程,先是痛苦,然后转化为苦恼。实际上,疾病越是给人带来痛苦,就越说明人生是快乐的。身染沉疴的人最能体会"无病即福"这句谚语的真谛。

罗素的"痛苦产生于竞争"的论断似乎也难站住脚。竞争恰恰是快乐的源泉。22个人站在足球场上了无生趣,动起脚来,才有了万众喧腾的快乐。道德、情操、信仰与理想都只能增加快乐,使生命更充实。

人,生来就是为了增加快乐的——众说纷纭的人生其实就这么简单。

本文作者依次列述了尼采、罗素、蒙田和洛克等大思想家,对人生的种种见解与诠释,同时还分别作了比较和评价,从而提出了作者自己的观点:"人,生来就是为了增加快乐的——众说纷纭的人生其实就这么简单。"

1.对于人生尚处于朦胧、混沌之中的中学生朋友,你也许已有自己的看法和体验,读了本文,我有何感受呢?你更欣赏谁对人生的见解。

2.读了本文,请就文章提及的任何一种观点,谈谈你的看法。

皈依自然

◆吕 正

生物不能超越自然,人生亦应皈依自然。

　　人,自从诞生于这个五光十色的尘世上起,就注定与喜、怒、哀、乐密不可分。在七情六欲多重奏的心曲中,我们活动着关节,舒展着骨骼,长成了千差万别的名字和千红万紫的花期。于是就有了这千丝万缕的情感世界,就有了波澜壮阔的人生。

　　人有悲欢离合,月有阴晴圆缺;春华秋实,夏雨冬雪;斗转星移,四季交替;潮起潮落,生死相依;生命,从自然中来,最终又化作一缕轻烟,回到自然中去……大自然的规律是宇宙间任何力量都不能改变的。

　　生物不能超越自然,人生亦应皈依自然。

　　其实,人,真的应该活得自然些。因为活得自然,所以才不装腔作势,不忸怩作态;因为活得自然,所以才不做作,不卖弄,一如坦荡的戈壁,壮阔的海洋;也正因为活得自然,所以才有敞开心扉,让世人观瞻的勇气!

　　高兴时手舞足蹈,激愤时怒发冲冠,此谓之自然;大笑时开怀拊掌,痛哭时涕泪横流,此谓之自然;成功时尽可一蹦三尺,失败后何妨捶胸顿足,顺境中尽可乘风破浪,逆境时何妨破釜沉舟……顺其自然罢了。

　　让人生皈依自然,就是重视生命的自身价值,在红尘之中独享那份恬静,得意而不忘形,失意而不萎靡,宽厚仁慈,真诚淳朴,知足常乐,大智若愚,能把苦水当作美酒,能把伤疤看作财富,能用欢笑蘸着泪水的画笔去写意,能用泪水和着欢笑的歌喉去抒情。不以大富大贵为荣,却以无才无德为耻,平平安安活到老,轻轻松松过一生。

　　皈依自然的人生不该在功名利禄面前失掉本性,不该在污海浊流之中迷失航程。仔细想想,人,来世一遭,确实不易。为什么要得意忘形,不可一世呢? 为什么要卑躬屈膝,夹着尾巴做人呢?让世界少一些假丑恶,多一些真善美,人生,不更趋近于自然吗?

　　即便世间人生观念不尽相同,每个人都有选择自己人生道路的自由,但不管别人怎么说,我都虔诚地将自己的人生——

　　皈依自然。

生物不能超越自然,人生亦应皈依自然,人只有皈依自然才会如戈壁一般坦荡,如海洋一般壮阔。皈依自然,就是对生命自身价值的重视。

人生,还是皈依自然吧!

1.从文中选取一个最恰当的词,诠释"自然"。
2.本文思想美,语言更美,说说语言美在哪里?

人 生 如 船

◆杨洪凡

> 船的全部生命和价值就在于航行。失去了航行,就失去了一切。

我家客厅的壁上,挂着一幅风景:一艘满帆的三桅杆船,它几乎占满了画面,所以我称之为船画。激起的浪,鼓起的帆,被风扯平的三角旗,向前疾驰。下边是波涛汹涌的海,背后的天,海天相接处有一线乌云,虽然还只是风云乍起,但天似乎已在退缩。

从那帆上的斑斑征尘,舷上的累累蚀迹,绷得紧紧的绳索,我似乎感到了浪花的飞溅,听到了桅杆吃力的"吱吱"声,船长果断的口令和谩骂……我好像也身在船上而摇动。

我不止一次站在船前,细细地品味,看看从画家笔下的大海,诗人心中的蓝天,航海家脚下的航船里,能悟出什么哲理和玄机来。我想到了《寄小读者》勾起一片爱心和乡情;想起哥伦布艰难的航行,驰回故土后的荣耀和欢呼;那黄海硝烟里,惊心动魄的悲壮的厮杀;还有那零丁洋上"人生自古谁无死,留取丹心照汗青"的千古绝唱。如果碰上心境悠闲时,便情不自禁地哼起"舳舻千里,旌旗蔽空,酾酒临江,横槊赋诗……"它不仅仅是幅画,是一首唱不完的歌,写不尽的诗。它唤起了青年人的理想,包孕着学者的哲理,历史的延伸与变迁,也潜藏了海盗的野心,商人的贪欲。

有人说"船的本性就是漂泊",尝不尽苦涩的海水,听不完频频的浪击,从一个

29

码头奔向另一个码头，直到它腐迹斑驳，千疮百孔，被遗弃到荒滩上。这多么像人的一生。你看，当披红挂彩，鞭炮锣鼓把它送下水时，那洁白的帆，漆得耀眼的甲板，多像一个新嫁娘，满舱里都是希望；当它迎着暴风雨，劈波斩浪时，又恰似一个顶天立地的壮汉；当它再也经不起风吹浪打，又如同一个扶杖蹒跚的老翁，等待进入另一个世界。

在我刚刚背起书包的时节，父亲领着我到过码头，我站在铁箱似的码头上，第一次瞻仰从山东跨海而来的船，满舱里都是货物。"好大的船呀！坐在里边一定很好玩"，心里满是新奇和惊讶。还有那海关上的摩托艇，飞似的在水面上漂过，于是我开始在纸上做起了船的梦。是船让我认识了海，知道了大洋，知道了世界。那可真是一个五彩缤纷的梦，虽然仅仅是条木帆船。

到我真正领会"窈窕淑女"诗意的年岁，我发现船是个最佳的幽会处。一把伞分隔成两个世界，伞下的小天地里只我们俩。再后便划到游人难到的岸边，垂柳下一幕绿帐，把两颗滚烫的心掩起。船也会醉的。它悄悄地伏在那里，偷偷地分享人间最甜美的爱情。

到我建功立业的年龄，我曾踏上巨轮去远航。船很吃力，马达声不停地亢鸣，奋力地破浪前进，在身后留下一道白色的浪花。我伫立船头，想起横槊赋诗的曹孟德，虽然是一种踌躇满志的神情，但是那"天下英雄唯使君与曹耳"的气魄，分明迸发出一股激动人心的热流。一种力量感染了我，通过抓着船舷的手，我和船连接到一起，我就是那龙骨弯起的船头，不知不觉中身子往前倾斜，船就像一把利刃，所向无前，身后还跟随着一支铁甲舰队。我终于从舰队中领悟到人生的使命和价值。

在那个特殊的年代，我被贬遣到母亲河边——黄河后套。放眼望去，黄土地上稀稀落落的树，弯腰驼背疏不成林，好像一位眉脱发落的病人。河水浑浑的，用低沉的声韵缓缓地流淌。船仍是两千年前的旧模样，一张早已失尽原色，脏旧不堪的帆卷伏在桅杆上。一条纤绳，一头拴在桅杆顶，一头套在纤夫的肩，三个人一条船，鱼贯而行，我和纤夫同行了。身子向前倾斜下去，赤着背，太阳像一位慈祥的老父，轻轻地抚摸着他儿女的脊梁。脚趾抠进土里，在河滩上描绘着人生的特写，而且是哲理深邃的特写。

也有心血来潮的时候，苦中寻乐，天上没有云，阳光极暖，随着脚步的拍节，默默地哼《伏尔加船夫曲》。哼着哼着，一股失落和惆怅便袭上心来。

如今，我已到了背孙子的年纪，有闲情带着他到河边去玩。孙子很顽皮，爬上被遗弃的船壳，望远镜挂在胸前，大声喊着："开船"，把石子当作炮弹扔出去，重复着我当年那五色缤纷的梦。但是那船已被拆卸一空，只剩下铁壳和木板，船体已被岁月刻蚀得锈迹斑斑。当年它刚下水时，一定是光彩照人的，它也一定去过好多港口,也一定冲击过无数恶浪。如今只有当晚霞洒落到它身上时,才披上一层美丽的彩纱,重温一下往日的旧梦。那一定是个激动人心的梦,引得许多人为之鼓掌、欢呼、流泪和肃敬。如今它只剩下一架骸骨,再也不能回到那曾给了它风光的荣耀的海的怀抱,只好在无依的荒凉中任凭秋风冷雨的戏弄。唉!船的全部生命和价值就在于航行。失去了航行,就失去了一切。这荒岸秋风,残船晚霞,落叶白发,令人不由得忆起了"断肠人在天涯"。我举手挽住被塞上秋风吹乱的白发,屈指细数退休后的时日,触目所及一片朦胧。我的航程已经到终点,在属于我的时日不远处,已经有了一个永久停靠的港湾,这是自然的一种回归,宇宙的永恒法则。我游移至此反而镇定下来。

我高声呼唤乐而忘归的孙子:"贝贝,回家喽……"

"人有悲欢离合,月有阴晴圆缺",船也有生老病死,新旧破残。

人生如船,船似我。

心灵体验

人生何止仅如一只船,大自然的造化都可以与人生相喻,并且因每人的追求,心境的迥异,其比拟的哲理意味也不同。船是人类的发明,船行于水上,船一是方向,二是坚固,三是运行,倘若船上的人迷失了方向,在船上捅了一个窟窿,那么船就会沉没,生命就难保,故人生如船,船似人生。

放飞思维

1."人生自古谁无死,留取丹心照汗青"是文天祥人生的写照,请找出更多这样的诗句。

2.人生的失意和挫折是在所难免的,你的经历和感受又是如何呢?

台　阶

◆朱　菁

　　　　但我却感觉他们的笑并没有豪情，因为他们
　　并没有真正征服山顶。

　　人生，总是沿着台阶拾级而上，攀登一个又一个高峰。当你经过一番艰辛，站在高高的山巅，望着连绵群峦，心中可曾涌起征服后的成就感?回望被踩在脚下的山地，是否泛起"山登绝顶我为峰"的豪情。

　　不久以前，我和好友去秋游，只想经历一次真正的爬山，就没有随着人群沿着前人已经砌好的石级前行，而是向那没有台阶的山坡攀登。登了好一段以后，我们发现突兀的险石满布青苔，处处丛生荆棘，比人略高的灌木阻挡着前路……显然，许久许久没人到过了。我真的感觉到了害怕，身旁叫不出名的树，投下浓浓的阴影，真令人寒毛倒竖，虚汗外冒。

　　无法后退! 面朝我们应去的方向，把心一横，破釜沉舟，就这一回了。爬上去!翻过去! 攀越的经历是痛苦的。手，因为拉扯挡住去路的带刺的枝条，已是血眼点点;脚，不知深浅地一步接一步，踩在枯枝上，"咯吱"声不绝于耳。"嗖"的一声，一只受惊的蟾蜍跃开去，我们也受惊地叫了一声:"妈呀!""扑扑棱棱"一阵，几只在树上的鸟儿被我们的叫声惊飞。脚又踩在一颗活动的石头上，扭伤了，钻心地疼。于是，龇牙咧嘴地挪步……当不远处的目的地——山顶，已清晰地现于眼前时，我的心"咚咚"地狂跳，周身的血液在沸腾……我猛然侧首看看悬崖，全身上下的肌肉似乎都在颤抖。"终点线"就在前头，不管，什么也不管，一颠一拐地继续向前，任凭脚疼，任凭血流……

　　坐在高高的山顶，揉揉腿，吹吹风，抚抚通红滚烫的脸，学学本不应属于女孩子的豪放大叫，扯着袖子拭去额上的汗，胸中满溢着胜利的喜悦。看看沿着石阶一步步走上来的人，他们谈着、笑着，挺潇洒，挺开心，全然没有我们那副龇牙咧嘴的痛苦表情。但我却感觉他们的笑并没有豪情，因为他们并没有真正征服山顶。

　　石阶的修砌者也许是为了人们上山的方便、轻松，但是石阶却产生了引导世人懒惰与取巧的副作用。望着被人足磨去棱角的光滑石阶，我感慨满腹:假若世人都只是在前人修砌的石阶上走过，那么石阶的尽头就是人迹的尽头;走到前人已经到达的巅峰而不再向高处探索，不再有未知求解，那么人类的进步，社会历史的发展又从何说起?

在营建石阶时,人们为了省力,往往选择坡度不大的山坡。而这样几经曲折,道路反而变远了。世人为什么只沿着石阶而上,宁愿绕远路而不另寻那终南捷径?在研究某些问题时,有些人受前人思路的限制而止步不前,为何不另辟蹊径而达到目的呢?

当然,走前人没有走过的路是要吃许多苦头的!这里没有石阶上的安全感,但却有在石阶上体验不到的成就感和征服感。真正的快乐是从有了信念开始;最大的幸福,是经历了艰苦以后。

山风拂过,树叶向我们点头致意,一种幸福感从心中荡漾开去。我觉得我们好勇敢,好了不起。望望身畔茫茫云海,仿佛置身于广阔的大海,脱口而出:"海道无边天作岸!"是的,大海无边,学海无涯,未来的道路还很长很长,没有尽头的新路有很多很多待我们打通。

笑着奔下山去,笑声在山间回荡。我们相约,下次仍要摆脱石阶的束缚,从山的另一面爬到顶。因为最大的幸福是经历艰苦以后,也因为人生的追求是没有尽头的⋯⋯

本文紧扣"向那没有台阶的山坡攀登"、"征服后的成就感"和"豪情",选写自己的一次爬山经历,表现了过人的胆识和奋发进取、积极向上的精神,揭示了深刻的人生哲理。

1.作者通过一次不平凡的登山活动,揭示了一个怎样的人生哲理?

2.作者选择向那没有台阶的山坡攀登,表明作者怎样的精神品质?

人生的阶梯

◆梅桑榆

世人在攀登人生的阶梯时，步调和速度并不一致，达到的高度也各不相同。

丹麦著名文学批评家勃兰兑斯在一篇散文中，对人的生命进程做过这样的比喻："这里有一座高塔，是所有的人都必须去攀登的，它至多不过一百级……这是每一个人的命运。如果他达到注定的某一级，阶梯就从他的脚下消失，好像它是陷阱的盖板，而他也就消失了。只是他并不知道那是第20级或是第64级；他所确实知道的是，阶梯的某一级一定会从他的脚下消失。"

我想，人一生成长、奋斗的过程也如攀登一座高塔，而通往这座塔顶的一级级台阶，可谓人生的阶梯。一个人自从母体中诞生之日起，便开始逐级攀登这座高塔阶梯；从吸吮到咀嚼，从爬行到站立，从哇哇啼哭到牙牙学语，是在攀登这座高塔的阶梯；识字读书、学习某种技能、从事某种职业、在某一领域寻求发展，也是在攀登这座高塔的阶梯。在攀登头几级阶梯时，他多半借助于本能，不需要多少智慧，并且有父母的扶助，因此他攀登起来比较轻松，而且大部分时光是快乐的。以后的攀登，就要靠智能与体力了。并且越往上，攀登的难度越大。当他达到一定的高度时，便会失去父母的扶助，甚至失去一切扶助，完全靠自己的力量了，而每攀登一级阶梯，都是对他的体力、智能、意志的考验。

世人在攀登人生的阶梯时，步调和速度并不一致，达到的高度也各不相同。

有的人在登上最初的几级阶梯之后，便变得步履维艰。他们或是受贫穷所迫，或是被厄运所困，或是由于智慧与体力的局限，不得不在到达某一级阶梯之后停止攀登。尽管他们知道，哪怕再登上一级阶梯，眼前的风景便会有所改变，但那一级阶梯对他们来说，犹如一座不可逾越的高峰。在以后的生命进程中，他们不得不长久地停留在已经达到的那个位置上，为生存而付出绝大部分的时间与精力，他们所掌握的知识或技能只能勉强应付世事，维持生存。他们一生中的大部分时光是在平平淡淡中度过的，但他们大多乐天知命，在他们到达的位置上认认真真地度过自己的一生。

有的人既不受贫穷所迫，也不为厄运所困，但当他们登上某一级阶梯之后，尽管仍有余力继续攀登，却过早地止步不前。这些人一部分由于胸无大志，安于现状，眼前的风景使他们迷醉，已经拥有的一切使他们满足，他们不愿再冒摔跤的风险、吃攀登的苦头。一些在社会的阶梯上占据了较高位置的人大多自以为风光无限,其实他们在人生的阶梯上所达到的高度,仍是二十或三十级,以后的数十年便一直停留在那里,直到脚下那虚幻的社会阶梯忽然消失之后,才发现自己在人生的阶梯上所达到的高度竟是那样可怜,而周围许多曾经被自己俯视过的人,所达到的高度远远超过自己。

与那些过早地止步不前的人相比,有些人则是生命不息,攀登不止,他们以顽强的意志和超人的毅力战胜贫困与厄运,以过人的智慧与精力排除每一个前进中的障碍。任何艰难与困苦都动摇不了他们向上的信心,任何挫折与失败都阻挡不了他们攀登的脚步。他们的生命之火并不因生理上的衰老而减弱,至死都在熊熊燃烧,在一往无前的攀登过程中,潜能得到了最大限度的发挥,有的人终于登上了塔的最高层,有的人即使未能登上塔顶,也如萨特所言,达到了"自身的最高存在境界"。

人生如阶梯,阶梯亦是人生。被厄运所困,安于现状的人,永远也看不到登至最高点后的绝妙美景。而生命不息,攀登不止的人,他的人生会是辉煌的。

1.通读全文,想一想,作者写了几类攀登人生阶梯的人,用概括的语言写出他们最终的命运。

2.在你攀登你的人生阶梯时,你会用怎样的步调和速度呢,你会为登上制高点做怎样的准备呢?

　　光阴似箭，日月如梭，一生就如过眼云烟。可有些人却把这生命之歌谱写得如日月星辰，向人们传递着光和热；如春风雨露，滋润着人们的心田。他们用行动来体现生命的伟大，以忠诚来诠释生命的意义，用深情来抒发生命的美好。生命如歌，这一曲曲优美之歌将继续奏响人间，将继续响彻云霄……

　　有位老太太生了两个女儿。大女儿嫁给伞店老板，小女儿当上了洗衣作坊的女主管。于是老太太整天忧心忡忡。逢上雨天，她担心洗衣坊的衣服晾不干；遇上晴天，她担心大女儿家的伞卖不出去。天天为女儿们担忧，日子过得很忧郁。后来一位聪明人告诉她："老太太，您真是好福气！下雨天，你大女儿生意兴隆；大晴天，你小女儿家生意兴隆；哪一天你都有好消息啊！"天还是老样子，只要转念想一想，生活的色彩便会焕然一新。

盘活自己

　　敏锐的触角,轻快的步伐,他们走在时代的前端。在时代的曼妙韵律里,他们轻歌曼舞,始终踏着自己的步伐。他们的心中自有一把琴弦,纵然冬来秋去,仍有小曲缓缓响起,在这愉快的小曲里,他们仍是时代的弄潮儿。

吐出这口气

◆佚 名

> 既然这些事情发生了,就让它过去吧,为这些
> 小事勃然大怒或大动干戈,真是不值得。

一个妇人,特别喜欢为一些琐碎的小事与人生气,她便去求一位高僧给自己说禅,希望能改掉这个毛病。

高僧听了她的讲述,一言不发,把她领到一座禅房中,落锁而去。

妇人气得高声大骂,骂了许久,高僧也不理会。妇人又开始哀求,高僧仍置若罔闻。妇人终于沉默了。高僧来到门外,问她:"你还生气吗?"

妇人说:"我只为我自己生气,我怎么会到这地方来受这份罪!"

"连自己都不原谅的人,怎么能心静如水?"高僧拂袖而去。过了一会儿,高僧又问她:"还生气吗?"

"不生气了。"

"为什么?"

"气也没有办法呀。"

"你的气并未消逝,还压在心里,爆发后将会更加剧烈。"高僧又离开了。

高僧第三次来到门前,妇人告诉他:"我不生气了,因为不值得气。"

"还知道值不值得,可见心中还有衡量,还是有气根。"高僧笑道。

当高僧的身影迎着夕阳立在大门外时,妇人问高僧:"大师,什么是气?"

高僧将手中的茶水倾洒于地。妇人视之良久,顿悟。叩谢而去。

曾经有一首歌唱道:"生活,像一团麻,总有那解不开的小疙瘩……"如果把生活中的不愉快比作小疙瘩真是再恰当不过了。我们平常人,每天都会遇到这样或那样的麻烦,也许是无故挨了上司的批评,也许是夫妻之间意见不合而怄气,也许是遭人流言诽谤,也许是被人偷了东西……一些事情都会或多或少地影响我们的情绪,因此总会听到有人抱怨"怎么这么烦啊!""怎么这么累呢?"

既然这些事情发生了,就让它过去吧,为这些小事勃然大怒或大动干戈,真是不值得。要知道不管你高兴还是生气,该来的总会来。

既然这些小疙瘩是解也解不开的,我们何必苦苦寻求答案呢?心烦、生气,并不能改变什么,只会让自己难过。

生活就是一杯鸡尾酒,有甜的,也有苦的。用一颗快乐的心去欣赏身边的一

切,你就会发现,苦中也有乐。

气是别人口中吐出而你却接到口里的那种东西,你吞下便会反胃,你不理它时,它便会消失。人生短暂,幸福和快乐尚且享受不尽,哪里还有时间去气呢?

1.你从故事中悟出一个怎样的道理?
2.品味文章末段:"生活就是一杯鸡尾酒,有甜的,也有苦的。用一颗快乐的心去欣赏身边的一切,你就会发现,苦中也有乐。"

再来一次,好吗

◆曹 飞

有很长一段时间,我把自己锁在苦闷和遗憾中,不想见任何人,也不想说任何话,木然而无助。

高中毕业后,我没有如愿盼来大学录取通知书。在学习成绩上一向颇为自负的我,经历了这样沉重的打击后,对自己再也不敢有太大的信心了。

有很长一段时间,我把自己锁在苦闷和遗憾中,不想见任何人,也不想说任何话,木然而无助。

可毕业证总还得亲自去领的。从班主任惋惜而怜悯的目光中逃出来,我唯一的感觉就是想流泪。在过去的那段极苦极累的日子里,我几乎耗尽了所有的精力去搭架通往梦想的梯子,可在成功似乎已经唾手可得的时候,梯子却在猝不及防中倒了。我真的没有足够的心理能力去承受。

出校门的时候,我不经意一扭头,竟发现了门口的一侧贴有一张招聘启事。走近了细看,是市内一所普通中学招一名英语教师。条件是高中以上毕业,英语成绩好,口语佳。

我突然想去试试。高中三年,英语成绩一直是我的骄傲。更何况,长大了,毕业了,我该自己养活自己了。我去报了名。

那时离试讲的日子已经不远了。回家后我便忙着写教案,跟着录音机练口语。

到试讲的前一天,我已对自己有了几分信心。

第二天,校长把我带到教室门口。他拍拍我的肩:"对你,我们是比较满意的,这是最后一关了。记住,要沉着。"

我望一眼教室,里面坐满了比我小不了几岁的学生。见来了新老师,他们都停下正在干的事,齐刷刷地把目光聚在我身上。

血往上涌,我的心乱跳起来。

我知道我不是个大方的男孩,但为了这次试讲,我确实已经付出了足够的心血。我以为有备而来,心就不会再跳手就不会再抖。

走上讲台,我的鼻尖上已开始渗出细密的汗珠。坐在第一排的女班长一声洪亮的"起立"让我几乎一下子乱了方寸,忘了开场白。

我慌忙挥手叫他们坐下。我想我的神情一定很慌乱很窘迫,因为我分明听见几个男孩子的窃笑声。一刹那间,充斥我脑中的是有关形象问题试讲结果问题以及被淘汰掉后我再怎么办的问题,昨天还背得滚瓜烂熟的教案一下子找不到半点儿头绪。

搜肠刮肚好几十秒钟,我仍然找不到太多的话说。试着讲了几句,连自己都知道前言不搭后语。

我知道我完了,心中已开始打退堂鼓:与其在讲台上出尽"洋相",还不如趁早给自己找个台阶下去。

"同学们,其实我多想陪你们走一程,可我太糟糕,我不能误了你们……"说完这句话,我无奈而抱歉地望一眼坐在后排正为我捏一把汗的校长,就想快快地逃出去,逃出那种如浑身被针刺般的难受与尴尬。

"老师。你等等!"是坐在第一排那个剪短发的、戴眼镜的女班长,"老师,再来一次,好吗?"

"我……我不行。"

"试一试,老师,你能行的,再来一次,好吗?"后面几个女孩子也附和起来。

"再来一次,好吗?"然后,教室里一下子归于一片静寂,后排那几个等着看"好戏"的男孩子也正襟危坐起来。

校长推推眼镜,笑望着我,微微颔首。

四十多颗天真无邪的心,四十多双真诚的眼睛在这个时候汇成一股暖流和一个坚定的信念流向我,涌向我。突然间我觉得有好多好多的话要对他们说。有好多好多的故事要讲给他们听。

我想我不能离开这三尺讲台,否则我也许会一生都再也找不着这么好的机会。

我在讲桌前站定。接下来的讲课,我如数家珍般讲得无比流畅。

面对求知若渴而又善良真诚的学生,原本并没有什么好怕的呀!

后来那个剪短发、戴眼镜的女孩成了我最得意的学生,也成了我最好的朋友。她对我说,"老师,当初我为竞选班长三次登台'现丑',第一次一句话都没敢说,第二次脸红心跳,第三次换来了最热烈的掌声。每次上台前我都会劝自己'再来一次,好吗?'"

有些简单很朴实的话却能让人受益终身。这道理学生比我懂得更早。

"再来一次",多么朴实而富有哲理的话语。人生之路,并非一帆风顺,当你遇到困难、挫折、坎坷时,"再来一次"是一种自我肯定的方式,之所以要再来一次是因为我们相信自己有能力胜任或完成自己的工作,既然如此,多试一次就意味着对自己肯定一次,有什么理由对自己失望呢?勇敢地张开口,凭借不屈不挠的精神,用智慧和力量,再次叩响你的命运之门吧!

1.如果你遇到类似的问题,应如何解决?
2.你觉得这篇文章写得如何?好在哪里?

跳下悬崖找生路

◆佚 名

不少人就在犹豫不决的边缘,唉声叹气,半死不活,精神常处于分裂状态之下而耗掉了一生。

一樵夫上山砍柴,不慎跌下山崖,危急之际,他拉住了半山腰处一根横出的树干,人吊在半空,但崖壁光秃且高,爬不回去,而下面是崖谷。樵夫正不知如何是好,一老僧路过,给了他一个指点,说:"放!"

放?既然不能上,既然唯一能够想象活命的可能途径已经证实没可能,半天吊着肯定只能等死,那就只有往下跳了,不一定活,但也不一定死。也许可以顺着山势而下,缓和一点冲下去的重力。也许半途能够有另一棵树,那么就可以再减掉一些冲力。也许可以抓到块石头,也许没有,也许真的得死,但还有一个可能性,也许不会死。

这故事最大启发,是人们对未知的态度。做人常有进退两难的场面,与其夹在中间等死,倒不如别浪费支撑的精力,将全部精神付诸一搏,跌下去会死,但已经无法爬上去了,就算搏个万分之一希望,毕竟还有一线生机。

很多时候,犹豫不决真要比堕落还要消极。

不少人就在犹豫不决的边缘,唉声叹气,半死不活,精神常处于分裂状态之下而耗掉了一生。这些"惯于凌空"的人,最熟悉的恐怕就是自己一脸无奈的表情,和那些多余的自我解释,但生命总有个期限,谁能跟生命角力?

教人跳下悬崖找活路,是不是疯了?假如每一回你都将那一次决定的行动当作是你最后的一线生机,那你可以做到许多他人无法做也无法想象的事。你的生命有自己一套专属的价值观,你会有另一个思维足以自由闯荡的空间。你有自己的精神认知。这也许不能改善你饭菜的味道,但对生命来说,这个精神认知至为重要。凌空摆荡,浪费时间而仍然不会有结果。最后谁都不能在半空中撑上多久,与其使劲保持半天,倒不如趁自己头脑还清醒,体力还能多赌一次的时候,好好控制自己的命运。

不跳下去最终一定会失败;而跳下去,不一定就活不了。生活也许就在拼搏中显示出精彩。

人会遇到困境,但不会总遇到绝境,所以在选择的时候,人不会总有一种毅然决然的精神,但当你真的面临重大考验的时候,你就必须有一种敢于挑战极限,挑战自我的精神,在考验的面前,勇于奋力拼搏。

当处于逆境时,是该前进,还是后退?前进,或许会有老虎拦路,但等待同样意味着死亡。当你勇敢地迈出那一步,就会有一种"柳暗花明又一村"的感觉。

我想,在人生的征途中,有些浓雾也不必害怕,它虽暂时会让你难辨方向,但它又会给人一种独特的意境与希望,更何况日出雾散时我们得到的仍是真实的人生!

1.通过阅读本文,对你有没有启发?将你的感想写下来。

2.本文以一个樵夫上山砍柴的故事开头,但没有结局,请你根据想象给故事续写一个结尾。

"盘活"自己

◆ 黄 敏

> 活着,还是死去? 哈姆莱特的沉吟一次次充
> 盈我的耳穴,生存,确已成为我面临的非常严峻
> 的问题。

　　20 年前,当我骑着一条乡村的老水牛,穿越生命的血腥与泥泞去一所中学代课时,天空并未为一个病残落榜的少年终于"上班"而写上半点灿烂,灰沉沉的,老天爷的脸一如我凄惶惶的心——每每未上讲台,校人便已告知,一个学期抑或一个月甚或一个星期后,被代课的教师或完婚或病愈或事假结束而返校,我就必须"下岗"!

　　便是今日遍闻众多时人为"下岗"而呻吟的时候,我就会立刻听到当初我的哭泣。那是怎样的一种凄惶与落寞啊! 正是有了 37 元的月资可缝补一丝贫困,正是有了一份大可堪称的"事业"可疗治我灵与肉的创伤……突然命令似的就要生拉硬扯地将我"下岗",就仿佛将正待愈合的伤口上的疤痂连血带肉活生生地撕下。

　　于是一次一次,当我张怀拥抱生活时,生活却无情地将我推向局外;然而我也从未放弃地一次一次地瘸着一双腿到各个学校,去探寻着重赴生活的机遇,等候着重新上岗的日子,一如今日的打工仔打工妹一般,专注而活络。

　　1985 年我终因"血友病"下肢瘫痪,我抱怨过的临时填空似的代课和曾经失业的伤痛也不可能有了,我是连"下岗"的份儿也没了,生命大量"透支",信念严重"赤字",徘徊低谷山穷水尽,我是真正地"死岗"且"死心"了。于是我有过如今所有下岗工所有的凄惶、阵痛、绝望和呐喊,大有过之而无不及,他们的失意仅是失岗,而我失去的,是支撑我肉体乃至精神的健康啊!

　　活着,还是死去? 哈姆莱特的沉吟一次次充盈我的耳穴,生存,确已成为我面临的非常严峻的问题。而正是我所经历的,不尽的苦难和沐浴的众多的爱,使我感到不能甘心不能放弃,我憋着一口气决心一定要把我濒死的人生盘活,就如立志"盘活"一家濒临倒闭破产的工厂,悲壮而承命危难,破釜而沉舟河畔。

　　瘫残了双腿,显然我已是远离了生活的主航道,再没有什么岗可供我去上了,千班万岗,那都不是我的;而属于我的只有险恶的环境以及那终于不能偃息的"一口气"。我便开始信仰马克·吐温的主张:振作人生,并不在所遭遇的事与事实,而全在于思想的风暴,永远横扫我们的脑际。那时一阵一阵横扫我思想的风暴便是

"自救自立,做自己的上帝,如果我不能自救,上帝就不能救我!"

于是我并不再指望等着社会主动接纳我,唯有的是用我的行动去撞击社会,打开回归生活之门。比比之岗是人家的,可桩桩之事我可以自谋。我开始给自己设位造岗。我学无线电修理,从事服装裁缝,搞蘑菇栽培,那么的刻苦而专注,废寝忘食夜以继日。终又发现此类活路并非我人生的最佳位置,便果断地自己炒了自己,跳槽作文,这才到底做成了一个靠稿费吃饭的活儿;且备感幸运的是,我真情加激情,收留我文字的单位竟是那么多,供养我的"老板"(读者)是那么众。

的确,天无绝人之路,若将世路比山路,世路更多千万盘。而看清这一点,也确非困境中人能轻易所见。如此,山穷水尽的孤舟人,最好来几场横扫脑际的风暴,以刮走心灵的乌云,澄清人生的天宇,端掉固有的架子,洗换思想,淬火意志,把准舵向。贺莫兹说:"我们所处于什么地方没关系,最重要的是我们的思想正在朝什么方向移动。"很大程度上,是意识决定存在,你的思想衡定了,你的意志准备好了,你的脚步也就轻快了,再灰再僵的人生局面,也定能"盘活"而盈盈生辉。

中国有句俗话:人生都是三节草,三穷三富过到老。德国有句民谚:欢笑着过日子也是一生,哭丧着过日子也是一生。这都是很有些嚼头的,共与背时衔困的兄弟一品。

人处在绝境中时没有谁会来解救自己,因为"世间从来没有救世主,也不靠神仙皇帝",只有靠自己"盘活"自己。要自己争取主动,不能坐以待毙。唯有用自己的行动撞击社会,打开回归生活之门。

1.根据你的感受,写一篇《"盘活"自己》的读后感。

2."人生都是三节草,三穷三富过到老。""欢笑着过日子也是一生,哭丧着过日子也是一生。"对以上两句话,你有什么感想?

走进天堂的门票

◆江峰青

秘书递给他一张纸条,他展开一看,上书八个
大字:"欲上天堂,必下地狱。"

有一对孪生兄弟,同时进入高考考场。结果,哥哥收到了大学录取通知书,弟弟则以两分之差名落孙山。兄弟俩长相酷似,性格各异。哥哥忠诚敦厚,弟弟活泼机灵;哥哥拙于言辞,弟弟口若悬河。哥哥拿着大学录取通知书面对贫病交加的父母默默无语;弟弟关在房里不吃不喝,长吁短叹"天公无眼识良才"。

愁眉不展的老爸默思了两个通宵,终于眨巴着眼睛向大儿子开口了:"让给弟弟去读书吧,他天生是个读书的材料!"

哥哥把大学录取通知书送到弟弟手中,坐在弟弟身旁说了这么一句话:"这不是走进天堂的门票,别把太多的希望放在它的上面。"

弟弟不解,问:"那你说这是什么?"

哥哥答:"一张吸水纸,专吸汗水的纸!"

弟弟摇着头,笑哥哥尽说傻话。

开学了,弟弟背着行囊走进了大都市的高等学府,哥哥则让体弱多病的老爸从镇办水泥厂回家养病,自己顶上,站到碎石机旁,拿起了沉重的钢钎……

碎石机上,有斑斑血迹,这台机子上,曾有多名工人轧断了手指。哥哥打走上这个岗位的第一天起,就在做一个美丽的梦。他花了三个月的时间,对机身进行了技术改造,既提高了碎石质量,又提高了安全系数。厂长把他调进了烧成车间。烧成车间灰雾弥天,不少人得了硅肺病。他同几个技术骨干一起,殚精竭虑,苦心钻研,改善了车间的环保设施,厂长把他调进了科研实验室。在实验室,他博览群书,多次到名厂求经问道,反复测验。提炼新的化学元素,经过一次又一次创新实验,使水泥质量大大提高,为厂里打出了新的品牌产品,水泥畅销华南几省。再之后,他便成为全市建材工业界的名人……

弟弟进入大学后,第一年还像读书的样子,也写过几封信问老爸的病;第二年,认识了一个大款的女儿,就双双坠入爱河。那女孩成了他取之不尽,用之不竭的钱包,整整两年他没向家中要过一分钱,却通身脱土变洋,"帅呆""酷毙了"。进入大四后,那女孩跟他"拜拜"了。他便整个儿陷入了"青春苦闷期",泡吧,上网,无心读书,最后靠考试作弊混得了大学毕业文凭。他像一只苍蝇飞了一个圈子后又

回到了家乡所在市求职,他还有那么一点儿羞耻感,不愿在落魄的时候回家见父母。经市人才中心介绍,他到一家响当当的建材制品公司应聘,好不容易闯过了三关,最后是在公司老总的办公室里答辩。轮到他答辩时,老总迟迟不露面,最后秘书来,告诉他已被录用。不过,必须先到烧成车间当工人。

他感到委屈,要求一定要见老总。秘书递给他一张纸条,他展开一看,上书八个大字:"欲上天堂,必下地狱。"他一抬头,猛见哥哥走了进来,端坐在老总的椅子上,他的脸顿时烧灼得发痛。

文章通过叙述一对孪生兄弟的成长经历。揭示了一个道理:上大学并不能保证一个人会成才。一个人的成功,是靠他的自信勤奋,靠在社会中的摸爬滚打,靠理论和实践的相结合。

1."哥哥"为什么对"弟弟"说"这不是走进天堂的门票,别把太多的希望放在它的上面"?

2."哥哥"说大学录取通知书是"一张吸水纸,专吸汗水的纸",你认同吗?为什么?

3."弟弟"为什么大学毕业后,像只苍蝇飞了个圈后又回到了家乡所在市求职?

4.对于文中父亲的行为,你怎么看?你觉得两兄弟对换的行为好吗?说说理由。

生命的滋味

◆苏菡玲

> 人无权决定自己的生,但可以选择死。为什么
> 要活着? 怎样活下去? 是终生都要面对的问题。

只有一个真正严肃的哲学问题,那就是自杀。这是加缪《西西弗斯神话》里的第一句话。朋友提起这句话时,正躺在医院急诊室,140粒安定没有撂倒他,又能够微笑着和大家说话了。

另一位朋友肺癌晚期,一年前医生就下过病危通知书,是钱、药、家人的爱在一点一点地延长着他的生命。对于病人,病痛的折磨或许会让他感到生不如死,对于亲人来说,不惜一切代价,只要他活着,只要他在那儿。

人无权决定自己的生,但可以选择死。为什么要活着? 怎样活下去? 是终生都要面对的问题。

有一个春天很忧郁,是那种看破今生的绝望,那种找不到目的和价值的虚空,那种无枝可栖的孤独与苍凉。一个下午我抱了一大堆影碟躲在屋内,心想就这样看吧看吧看死算了。直到我看到它——伊朗影片《樱桃的滋味》,我的心弦被轻轻地拨动了。

那时我的电脑还没装音箱,只能靠中文字幕的对白了解剧情。剧情大致是这样的:

巴迪先生驱车走在一条山间公路上,他神情从容镇静,稳稳地操纵着方向盘。他要寻找一个帮助埋掉他的人,并付给对方20万元。一个士兵拒绝了,一位牧师也拒绝了,天色不早了,巴迪先生依然从容镇静地驱车在公路上寻觅。这时他遇到了一个胡子花白的老者,老者给他讲了一个故事:我年轻的时候也曾想过要自杀。一天早上,我的妻子和孩子还没睡醒,我拿了一根绳子来到树林里,在一棵樱桃树下,我想把绳子挂在树枝上,扔了几次也没成功,于是我就爬上树去。正是樱桃成熟的季节,树上挂满了红玛瑙般晶莹饱满的樱桃。我摘了一颗放进嘴里,真甜啊!于是我又摘了一颗。我站在树上吃樱桃。太阳出来了,万丈金光洒在树林里,涂满金光的树叶在微风中摇摆,满眼细碎的亮点。我从未发现林子这么美丽。这时有几个上学的小学生来到树下,让我摘樱桃给他们吃。我摇动树枝,看他们欢快地在树下捡樱桃,然后高高兴兴去上学。看着他们的背影远去,我收起绳子回家了。从那以后我再也不想自杀了。生命是一列向着一个叫死亡的终点疾驰的火车,沿途有

许多美丽的风景值得我们留恋。

夜幕降临了,巴迪先生披上外套,熄灭了屋内的烟,走进黑暗中。夜色里只看到车灯的一线亮光。然后是无边的、长久的黑暗……

天亮了,远处的城市和近处的村庄开始苏醒,巴迪先生从洞里爬出来,伸了个懒腰,站在高处远眺。

……

看到这里我决定认认真真洗把脸,把鞋子擦亮,然后到商场给自己买束鲜花。

后来我曾经问过那位欲放弃生命的朋友,问他体验死亡的感觉如何。他说一直在昏迷中,没觉着怎么痛苦。倒是出院的那天,看到阳光如此的明媚,外面的世界如此的新鲜,大街上姑娘们穿着红格子呢裙,真是可爱。长这么大第一次发现世界是这样的美好。

世界还是那个世界,只是感受世界的那颗心不同而已。

患肺癌的朋友已经作了古,记得他生前爱吃那种烤得两面焦黄的厚厚的锅盔饼。每次看到卖饼的推着小车走来,就怅然,若他活着该多好!可惜那些吃饼的人,体味不到自己能够吃饼的幸福。

为什么要活着?就为了樱桃的甜,饼的香。静下心来,认真去体验一颗樱桃的甜,一块饼的香,去享受春花灿烂的刹那,秋月似水的柔情。就这样活下去,把自己生命过程的每一个细节都设计得再精美一些,再纯净一些。不要为了追求目的而忽略过程,其实过程即目的。

心灵体验

有一个人,不幸掉下了悬崖。所幸的是他被半山腰的一棵斜着长出来的小树挡住了。但是在深山中还是不可能有人来救他。这个必死无疑的人留给这个世界最后的声音不是哭泣,而是——小树结的果子真甜啊……

放飞思维

1.本文就为什么要活着做了很好的诠释,请用概括的语句写下来。

2.自选角度,说说读了本文之后的感受。

3.读着作者品出的生命的滋味,你又品尝出了它的什么滋味呢?

如何使梦想从发射台升起

◆［美］拿破仑·希尔

> 将人生的目标定得很高，以及追求财富与幸
> 福所需要的努力，决不会比接受悲惨与贫穷所需
> 要的努力来得更多。

怀有炽烈的欲望要去做一种人和做一件事，这就是梦想家起飞的出发点。梦想不会在冷漠、懒惰或缺乏进取的人心中产生出来。

记住：有所成就的人，都有一个不幸的开始，经过了许多令人伤心的奋斗与挫折，然后才能抵达成功。这些成功的人，他们生命的转折点都是在某种危急时刻来临。经由这种危机，他们才认识了另一个自己。

班扬是最佳的英国文学作品之一《天路历程》的作者，他因对宗教问题的不同看法而被囚禁起来，在受尽苦难之后，写出了这本书。

名作家欧·亨利是在遭遇了巨大的不幸，被关进俄亥俄州哥伦布市的牢房之后，才发现自己在文学上具有很高的天赋。经过不幸的遭遇，他认识了他的"另一个自我"，并动用他的想象力重新解释生活。他发现自己竟是位优秀的作家，而不是可悲的罪犯和歹徒。

狄更斯年轻时，他的工作是在黑鞋油瓶上贴商标。他的初恋悲剧，渗透到他灵魂的深处，改变了他的人生，使他成为世界上真正伟大的作家之一。那次悲剧结束之后，首先产生了《孤星血泪》，然后是一连串其他的作品，使读者们看到了一个丰富、美好的世界。

海伦·凯勒生下后不久便成为聋、哑、盲者。她虽然遭到了巨大的不幸，但是她却在伟人的历史中，写下了她的不可磨灭的名字。她的一生便可作为一个明证：除非你把失败当作理所当然的事实来接受，否则，人们永远不会被命运打败。

罗伯特·彭斯是一个目不识丁的乡下孩子，他经受了贫穷的煎熬，长大后又酗酒成性。然而，他没有继续沉沦下去，通过艰苦的学习，他学会了作诗，于是，这个世界因此显得更美好，因为他在诗中表现了美丽的思想，拔除了人们心灵上的荆棘，植上的是百合花。

贝多芬是聋子，弥尔顿是瞎子，但是他们的名字将天长地久，因为他们都有自己的梦想，并将他们的梦想转变为美丽的思想。

请牢记：将人生的目标定得很高，以及追求财富与幸福所需要的努力，决不会

比接受悲惨与贫穷所需要的努力来得更多。下面这首诗的字里行间正确地阐明了
这个普通的真理：

> 我向人生索价，
> 人生多一分也不肯给。
> 当我已没有富余时，
> 到黄昏就不得不乞讨。
> 人生是一个真正于他的存在的雇主，
> 你所求的他都会给。
> 一旦你决定了多高报酬，
> 你就必须肩负多少工作。
> 我的工作是贱役，
> 但我又惊奇地发现了一个事实：
> 倘若我向人生索取高价，
> 人生也会乐于付给。

 对任何不幸与痛苦都要在生活中划定一个下限，过期就让它
们统统作废。笑对人生，阳光会更灿烂；怨天尤人，快乐也会成为
烦恼，学会忘记，把烦恼和痛苦抛下，全力收获快乐，我们的生活
才会变得更加美好。

 1.结合上下文，说说你对"一个不幸的开始"和"令人伤心的
奋斗与挫折"的理解。
2.在诗行中，开始说"我向人生索价，人生多一分也不肯给"。
后面又说"倘若我向人生索取高价，人生也会乐于付给"，这是否
矛盾？说说你的理由。
3.读完全文，你认为应"如何使梦想从发射台升起"？

选择的自信

◆ 王伯庆

> 权势人物的气度是制度和人民调教出来的，
> 常常是有什么样的人民就有什么样的领袖。

　　来美国的有些亚洲新贵们，很快就发现他们身边少了一份熟悉的羡慕，多了一份失落。于是，他们随时分发印有董事长头衔的名片，并不管用。于是，又一掷千金，买下华屋名车。可气的是，竟然连那些居斗室、开破车的美国佬也"我自岿然不动"，不肯景仰擦身而过的奔驰老总。当然更不会有人注意到他们袖口或领口的名牌商标。在美国，高薪、华屋、名车的群众号召力没有在新富国家那样大。

　　很多美国人身为粗工阶层，也是心满意足。当你出入豪华宾馆时，为你叫车的男孩不卑不亢，礼貌周到，你会感到他的自信。他未必羡慕你我选择的道路。千千万万的美国人按照自己的实际情况选择了职业，选择了生活的各个方面，也活出了一份自信。于是，让那些在本国高高在上的贵人们到了美国来就傲气顿失。

　　一个访美的亚洲官员讲：我在国内时别人见我就点头哈腰，可是在美国连有些捡破烂的人腰板都挺得直直的。

　　我原来工作的办公室里有个维护计算机系统的老美，大学毕业，工作十年了，很平常一个人。处久了，我们每天见面时也侃几句。一天，我开导他："你为什么不去微软工作呢？几年下来股票上就发了。"他说："我不喜欢微软，这儿挺好。"

　　后来我发现他有一张合影照片，他，他姐姐、姐夫，比尔·盖茨。才知道他姐姐是早年跟比尔·盖茨打下微软江山的功臣，现担任微软的副总裁，也是亿万身价了。一问，办公室里有人知道，却没人跟他套近乎，大家把他支来支去。他不求致富，有一份淡泊的安详。

　　你会发现，美国很多的博士们找工作，首选是做教授。做教授可比去公司穷，还辛苦，但有更多的学术和时间自由。我有个朋友，在一所大学任助理教授，美国几个最大的制药公司请他去主持一个R&D部门，开价是他在学校年薪的三倍，他不去，就要做教授。还劲头十足地约我写论文，回国开讲座，其乐陶陶。

　　最近他因为一项被美国医疗服务协会称为"挑战传统的发现"，而受到美国主要媒体的关注。一个同系的老美教授告诉他说：我搞了多年的研究，好希望自己的研究成果也能引起如此的反响。并且还认真地给这位老兄出主意，怎么样把这事的影响扩大。如果我是他的同事，我是否会像那位老美一样为他的成功真诚激动、锦上添花呢?

因为有自信,你的美国同事和朋友也乐于恭喜你的成功。没有自信,你很难心平气和地去祝贺你身边的同胞,哪怕是密友。有时倒不是因为他抢了你的机会,而是他的成功恰好勾起了你的自卑和由此产生的嫉妒,你的心态难以平衡。若要以他人的不成功为骄傲的基础,你是把自信建立在了自卑的沙堆上。当他人的成功浪潮袭来之时,你将如何安身立命?

曾记否? 几年前轰动全美的一件惨案,艾奥瓦大学的一位中国学生因为嫉妒而枪杀同胞又断送了自己。信心乃人生之本,舍本求末,难为自己也难为他人。

有一位朋友,拿到一个名牌大学的教授职位,高高兴兴地从麻省来加州赴任,先租公寓房住。自己是教授,住的公寓当然不差。隔壁邻居是一家墨西哥人,每天见面都打招呼。聊天时老墨中气十足,没什么文化,但神色之间透出对生活相当满足的自信。这位仁兄想,这老墨虽没有文化,敢跟我大教授谈笑风生,想来也是生意上有成之辈。

结果不然,这老墨没有工作,全靠五个小孩的政府补助过活,每人每月几百元钱,还有食品券。这位朋友感慨地讲,恐怕克林顿总统来了,这老墨也不会腿软。职务也许不能帮助你去吸引自信的朋友,话不投机半句多。

在这片崇尚自由呼吸的土地上,当你我理解并尊重他人的选择,就不会试图用高薪去让一个自命清高的教授下海,用博士学位去让一个讲求实惠的蓝领汗颜,用奔驰去让一辆招摇过市的旧车愧退,用华屋去让一位与世无争的高邻气短。

有一个故事,事情发生在 1997 年 12 月 11 日。美国著名的悄悄话专栏女记者辛迪·亚当,想约克林顿总统的夫人希拉里来个单独采访。多番努力,终于搞定,克太太同意在她出席了纽约曼哈顿大学俱乐部的一个妇女集会后,跟辛迪谈一个小时。

采访就定在曼哈顿俱乐部里。这个俱乐部有着百年历史,注重传统,古色古香。辛迪先到,在大厅候着。到了时间克太太还没来,她坐不稳了,悄悄地把大哥大拿出来,想打个电话问一下。守门的老头过来了,说:"夫人,你在干什么?"

女记者说:"我跟克林顿夫人有个约会。"老头说:"你不可以在这个俱乐部里使用手机,请你出去。"说完后老头就走了,辛迪收起了手机。

一会儿老头又来了,看见这女人没走,还与克林顿夫人在大厅里高谈阔论,在场的有总统府的高级助理们。老头不乐意了,说:"这是不能容许的行为,你们必须离开。"克林顿夫人说:"咱们走。"乖巧地拉上辛迪就出去了。

这个老头可不是贾府门前的焦大,他选择了守门,拥有了一份权贵们不敢在他面前猖狂的自信。要是有一天北京大学有一位守门人能挡出去一个坐豪华奔驰的主儿，你我兄弟也许就可以把求职简历寄过去啦。

权势人物的气度是制度和人民调教出来的，常常是有什么样的人民就有什么样的领袖。

知道吧，比尔·盖茨想参加哈佛的同班聚会，被有些同学拒绝了。是呀，你盖茨选择了中途退学，跟同学没多大关系，聚个吗劲？选择了在哈佛毕业的同学未必都选择了向金钱屈膝。

人凭什么安身立命？不同的人有不同的回答。作者认为最根本的是有自信。对自己，选择什么职业、怎样的生活，要有自信，也就是给自己一个准确的定位，从而踏实地工作，安详地生活，不自卑，不嫉妒。对别人，理解并尊重他人的选择，也是自信的表现。"选择的自信"，是民族素质的一个重要内容；"从我做起"，"选择的自信"也是个人素质的一个重要内容。

1.你认为选择自信就是选择了怎样的生活？
2.阅读本文给你怎样的启示？

找到自己的椅子

◆佚 名

世界上的路有千万条，但是最难找到的就是适合自己走的那条。

哈里在求学方面屡遭挫折，高中未毕业时，校长对他的母亲说："哈里或许并不适合读书，他的理解能力差得叫人无法相信。他甚至弄不懂两位数以上的计算。"他的母亲很伤心，决定自己教他。然而，无论哈里如何努力，他也记不住那些需要记忆的东西。哈里很为难，他决定远走他乡……

许多年后，市政府为了纪念一位伟人，决定公开征求设计伟人雕像的雕塑师，众多雕塑大师纷纷献上自己的作品，最终一位远道而来的雕塑师被选中。开幕式上，他说："我想把这座雕塑献给我的母亲，因为，我读书时没有获得她期望中的成功，现在我要告诉她，大学里没有我的位置，但人生中总会有我的一个位置。"这个人就是哈里。人群中哈里的母亲喜极而泣，她知道哈里并不笨，当年只是没有把他放对位置而已。

世界上的路有千万条，但是最难找到的就是适合自己走的那条。每一个人都应该努力找到适合自己的路，量力而行。根据自己的环境、条件、才能、素质、兴趣等，来确定自己前进的方向。

社会如同一个大礼堂，每一个人都如同来此开会的人。不管你是先到的人，还是后来的人，这个礼堂都有为你准备了一把属于你的椅子。在人山人海中，拨开眼前的迷雾，找到自己的椅子，那是靠自己的努力。

不要埋怨环境与条件，应该努力寻找有利条件，不能坐等机会，要自己创造条件，拿出成果来，获得社会的承认，事情就会好办些。

当你事业受挫时，不必灰心丧气，相信坚强的信念定能点亮成功的灯，相信布满血丝和劳顿的眼睛，在总结失败经验的基础上，考虑重新选择和给自己定位。

此路不通，决不等于无路可走，换一条路，尤其是换一条适合自己的路，也许会走得更出色。

1.写出一两句文中富有哲理的语句，写一段简短文字给予说明。

2.作者通过一个小故事告诉我们怎样的一个道理，对你有什么样的启示？

倒过来试试

◆佚 名

认真所求的就是于己尽心尽力，于人无怨无悔。认真做事不肯有丝毫的放松和懈怠，力求十拿九稳。

有一个青年画家,画出来的画总是很难卖出去。于是他到一位当时很有名气的大画家那里求教。

他问大画家:"我画一幅画往往只要一天不到的时间,可为什么卖掉它却要花上一年?"大画家沉思了一下,对他说:"请倒过来试试。"

年轻人不解地问:"倒过来?"

"对,倒过来! 要是你花一年的工夫去画,那么,只要一天工夫就能卖掉它。"

"一年才画一幅,这有多慢啊!"年轻人惊讶地叫出声来。大画家严肃地说:"对! 创作是艰辛的劳动,没有捷径可走的,试试吧,年轻人!"

青年画家接受了大画家的忠告,回去后,苦练基本功,精心搜集素材,周密构思,用了不到一年的工夫,画了一幅画。果然,它不到一天就卖掉了。

用一年时间画出来的画和用一天时间画出来的画,肯定会有很大的差别。这个差别导致它们出手的时间有天壤之别。

归根结底,这也是做事认真和草率的区别。

认真,最崇奉实在,不求偷懒和讨便宜,更不会耍滑骗个好处。

认真,只看中吭吭哧哧的一步一个脚印,只接受一分汗水换来的一分收获。

认真,不免孤独,但是倒也少了许多喧嚣和虚幻。远离了狂热,更能冷静地听得心音,而不会浅薄,挥去了浮躁,更能清醒地直面前程,而不会沉醉。

认真,所奢望的不是跑了千辛万苦,终点没有掌声;不是挣扎个九死一生,结局没有奖励;而是若要跑,是不是竭尽全力,若要挣扎,是不是首先要战胜自己。

认真所求的就是于己尽心尽力,于人无怨无悔。认真做事不肯有丝毫的放松和懈怠,力求十拿九稳。

心灵体验　　认真就是用一股韧劲雕琢出了一个叫奇迹的杰作,就是用一股子痴情敲击出了一个叫伟大的乐章。

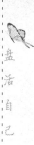

1.通过阅读本文,你是否对"认真"二字有了更深刻的认识,你的人生中要是也遇到过青年画家的遭遇,你将会怎样处理?
2.你怎样理解大画家对青年画家所说的话?

快乐的真谛

◆[美]诺宾·基尔福德

> 每个人在生活中都会有类似的小插曲,这些
> 小插曲正是我们追求快乐的最佳方法。

在日常的生活中,我们往往见到有人乐观,有人悲观。为何会这样?其实,外在的世界并没有什么不同,只是个人的处世态度不同罢了。

最能说明这个问题的,是我在一家卖甜甜圈的商店前面见到一块招牌,上面写着:"乐观者和悲观者之间的差别十分微妙,乐观者看到的是甜甜圈,而悲伤者看到的则是甜甜圈中间的小小空洞。"这个短短的幽默句子,透露了快乐的本质。事实上,人们眼睛见到的,往往并非事物的全貌,只看见自己想寻求的东西。乐观者和悲观者各自寻求的东西不同,因而对同样的事物,就采取了两种不同的态度。

有一天,我站在一间珠宝店的柜台前,把一个装着几本书的包裹放在旁边。当一个衣着讲究、仪表堂堂的男子进来,开始在柜台前看珠宝时,我礼貌地将我的包裹移开,但这个人却愤怒地看着我,他说,他是个正直的人,绝对无意偷我的包裹。他觉得受到了侮辱,重重地将门关上,走出了珠宝店。我感到十分惊讶,这样一个无心的动作,竟会引起他如此的愤怒。后来,我领悟到,这个人和我仿佛生活在两个不同的世界,但事实上世界是一样的,所差别的是我和他对事物的看法相反而已。

几天后的一天早晨,我一醒来便心情不佳,想到这一天又要在单调的例行工作中度过时,便觉得这个世界是多么枯燥、乏味。当我挤在密密麻麻的车阵中,缓慢地向市中心前进时,我满腔怨气地想:"为什么有那么多笨蛋也能拿到驾驶执照?他们开车不是太快就是太慢,根本没有资格在高峰时间开车,这些人的驾驶执照都该被吊销。"后来,我和一辆大型卡车同时到达一个交叉路口,我心想:"这家伙开的是大车,他一定会直冲过去的。"但就在这时,卡车司机将头伸出车窗外,向我招招手给我一个开朗、愉快的微笑。当我将车子驶离交叉路口时,我的愤怒突然

完全消失,心情豁然开朗起来。

这位卡车司机的行为,使我仿佛置身于另一个世界,但事实上,这个世界依旧,所不同的只是我们的心境。

每个人在生活中都会有类似的小插曲,这些小插曲正是我们追求快乐的最佳方法。要活得快乐,就必须改变自己的态度。我想,这就是快乐的真谛吧!

乐观者建造了高楼,悲观者生产了防火栓;乐观者发明了游艇,悲观者发明了救生圈;乐观者都去做了玩命的赛车手,悲观者却穿起了白大褂当了医生;最后乐观者发射了宇宙飞船,悲观者则开办了保险公司……

1."快乐的真谛"是什么?

2."这个世界依旧,所不同的只是我们的心境"中,"我"的心境指的是什么?

瞎 子 点 灯

◆佚 名

僧人若有所悟地说:"原来您是为别人照明了?"但那盲人却说:"不,我是为自己!"

一个漆黑的夜晚,一个远行寻佛的苦行僧走到了一个荒僻的村落中,漆黑的街道上,络绎的村民们在默默地你来我往。

苦行僧转过一条巷道,他看见有一团晕黄的灯从巷道的深处静静地亮过来。身旁的一位村民说:"瞎子过来了。"瞎子?苦行僧愣了,他问身旁的一位村民说:"那挑着灯笼的真是一位盲人吗?"

他得到的答案是肯定的。

苦行僧百思不得其解。一个双目失明的盲人,他根本就没有白天和黑夜的概念,他看不到高山流水,他看不到柳绿桃红的世界万物,他甚至不知道灯光是什么样子的,他挑一盏灯笼岂不令人迷惘和可笑?

那灯笼渐渐近了,晕黄的灯光渐渐地从深巷移游到了僧人的芒鞋下。百思不得其解的僧人问:"敢问施主真的是一位盲者吗?"那挑灯笼的盲人告诉他:"是的,自从踏进这个世界,我就一直双眼混沌。"

僧人问:"既然你什么也看不见,那你为何挑一盏灯笼呢?"盲者说:"现在是黑夜吗?我听说在黑夜里没有灯光的映照,那么满世界的人都和我一样是盲人,所以我就点燃了一盏灯笼。"

僧人若有所悟地说:"原来您是为别人照明了?"但那盲人却说:"不,我是为自己!"

为你自己? 僧人又愣了。

盲者缓缓向僧人说:"你是否因为夜色漆黑而被其他行人碰撞过?"僧人说:"是的,就在刚才,还被两个人不留心碰了一下。"盲人听了,深沉地说:"但我就没有。虽说我是盲人,我什么也看不见,但我挑了这盏灯笼,既为别人照亮了路,也更让别人看到了我自己,这样,他们就不会因为看不见而碰撞我了。"

苦行僧听了,顿有所悟。他仰天长叹说:"我天涯海角奔波着找佛,没有想到佛就在我的身边,原来佛性就像一盏灯,只要我点燃了它。"

生活中,我们周围有很多时候是值得去关爱和感激的,我们关爱别人,别人关爱我们;学会关爱与感激,在平凡生活中体味温馨和幸福!关爱是体现出对别人的关心理解和爱抚;感激在很多时候却是一种感恩的心情!生活中的我们不要对自己要求太多,更不要患得患失,不要斤斤计较,要学会理解、宽容别人,同时也更要学会感激别人,感谢你周围的亲人、老师、朋友等为你所做的一切,用一颗真诚期待的心去跟别人细心交流,享受那份坦诚与信任!

心灵体验

为别人点燃我们自己生命的灯吧,这样,在生命的夜色里,我们才能寻找到自己的平安和灿烂!

只有为他人点燃一盏灯,才能照亮我们自己。

放飞思维

1.文中苦行僧与盲者的对话,使你懂得了怎样的道理?盲者为什么要挑一盏灯笼呢?

2.请对僧人和盲者进行人物心理和性格的分析。

3.文中僧人说:"我天涯海角奔波着找佛,没有想到佛就在我的身边,原来佛性就像一盏灯,只要我点燃了它。"请说说僧人所说的佛就在身边是什么意思?

长 街 短 梦

◆铁 凝

假若人生犹如一条长街，我就不愿意错过这
街上每一处细小的风景。

有一次在邮局寄书，碰见从前的一个同学。多年不见了，她说咱俩到街上走走
好不好？于是我们漫无目的地走起来。

她之所以希望我和她在大街上走，是想告诉我，她曾遭遇过一次不幸：她的儿
子患白喉死了，死时还不到 4 岁。没了孩子的维系，又使本来就不爱她的丈夫很快
离开了她。这使她觉得羞辱，觉得日子再无什么指望。她想到了死。她乘火车跑到
一个靠海的城市，在这城市的一个邮局里，她坐下来给父母写诀别信。这城市是如
此陌生，这邮局是如此嘈杂，衬着棕色桌面上糨糊的痕迹和红蓝墨水的斑点把信
写得无比尽情——一种绝望的尽情。这时有一位拿着邮包的老人走过来对她说：
"姑娘，你的眼好，你帮我纫上这针。"她抬起头来，眼前的老人白发苍苍，他那苍老
的手上，颤巍巍地捏着一枚小针。

我的同学突然在那老人面前哭了。她突然不再去想死和写诀别信。她说，就因
为那老人称她"姑娘"，就因为她其实永远是这世上所有老人的"姑娘"，生活还需
要她，而眼前最具体的需要便是她帮助这老人纫上针。她甚至觉出方才她那"尽情
的绝望"里有一种做作的矫情。

她纫了针，并且替老人针脚均匀地缝好邮包。她离开邮局离开那靠海的城市
回到自己的家。她开始了新的生活，还找到了新的伴侣。她说她终生感激邮局里遇
到的那位老人，不是她帮了他，那实在是老人帮助了她，帮助她把即将断掉的生命
续接了起来，如同针与线的连接才完整了绽裂的邮包。她还说从此日子里有什么
不愉快，她总是想起老人那句话："姑娘，你的眼好，你帮我纫上这针。"她常常在上
班下班的路上想着这话，有时候这话如同梦一样地不真实，却又真实得不像梦。

然而什么都可能在梦中的街上或者街上的梦中发生，即使你的脚下是一条踩
得烂熟的马路，即使你的眼前是一条几百年的老街，即使你认定在这老路旧街上
不再会有新奇，但该发生的一切还会发生，因为这街和路的生命其实远远地长于
我们。

假若人生犹如一条长街，我就不愿意错过这街上每一处细小的风景。

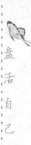

是的，人生犹如一条长街，我们不应该错过这街上每一处细小的风景。正如《泰坦尼克号》中杰克所说："生命是天赐的，我不想浪费它，你永远不知道自己的命运如何，你只能勇敢地去面对生活，享受每一天。"享受每一天吧，为自己，为所有疼爱自己的人！

1."姑娘，你的眼好，你帮我纫上这针。"文中老人的这句话在姑娘的一生中起到怎样的作用？

2.怎样理解"假若人生犹如一条长街，我就不愿意错过这街上每一处细小的风景。"

稍微变一下

◆王 鸿

短短的人生，如若一生都如此度过，该是一件多么令人惋惜的事情啊！

正像人们经常感到手头拮据，钱不够花一样，人们也总是觉得自己获得的幸福太少太少。"噢，妈啊，我苦透了！""烦死了，烦死了，这叫什么日子啊！"在生活的周围我们总不难听到这种发自内心的抱怨——对生活失望的嗟叹！说真的，除了在舞台上和小说里，我几乎没听到谁由衷地对我说过这样的话："啊，我真幸福！"

这也正常。对美好东西的追求与占有，人们似乎没有也不会有满足的时候；而对避之唯恐不及的东西，譬如抑郁、烦恼、苦难等等，又有谁对它们"贪得无厌"呢？更何况，生活中令人烦恼与失望的东西的确是多了点。

说起来不知你信不信，我们人类的感情其实是极其脆弱的！我们每个人的心理空间都是有限的。超出了人的心理承受力，烦恼自然就会产生。但是，这不等于说，人的心理承受力及其空间容量是不能改变和调节的。大多数烦恼都来源于我们人类自身或者是说我们每个人的心灵，也就是说，我们一边非常讨厌"烦恼"，一边又习惯于"自寻烦恼"！

我的邻居，张明与李丽，是对结婚半年的"小爱人"，按理该是卿卿我我，你敬我爱了。可是，你一天至少要三次听他们摔摔打打、吵吵闹闹，间或李丽还哭哭啼啼。究其原因，无非是每日三餐做饭带来的烦恼。

实际上，诸如此类的烦恼不仅是完全可以消除的，而且"稍微变一下"，就能出现始料不及的结果，使琐碎烦恼的事情变得有诗意？使你享受到生活的温馨。同样是做家务，在女作家王安忆眼里这些原本就是生活应该有的样子，是生活的原生态。古人说"民以食为天"，就说这吃饭吧，有谁能不吃呢？少吃一顿饭就不舒服。既然如此，我们又何必为做饭而烦恼呢？王安忆在写作之余，带着一种热情、趣味来完成这种种琐碎的事情，这些事情相应地也具有了某种生活的韵味。如果大家都能这样，在做这些必须做的事情的时候，便再也不觉得是一种负担，而且甚至还成了一种"享受"。美国人中流行过这样一句话："能做他们喜欢做的事情的人，就是最幸运的人。"然而，我们又有多少人找不到称心的工作，或者每天正在不得不从事着自己原本不喜欢的职业啊！就仅仅因为这一点，我们的生活当中便会有多少烦恼啊！说得重点，有人因为职业跟兴趣、事业之间的矛盾，几乎挣扎在一个由烦恼忧郁织结的窠臼中。

短短的人生，如若一生都如此度过，该是一件多么令人惋惜的事情啊！

抛却这种种烦恼虽说不像脱掉一件衣服那么容易，但也绝不像徒手登上月球那么困难。我们虽然对目前从事的职业、工作还谈不上满意，但我们又完全可以自由自在地丰富业余生活，用以填补生活的苍白……在"八小时之外"舒展自己的个性，爱好自己的"爱好"。有的时候，我们所从事的工作也可能十分的机械和枯燥，但我们可以专心致志地完成分内的工作，高高兴兴地下班，回到家里心情舒畅地下棋、钓鱼、看书，"爱我所爱"。我们只要"稍微变一下"，用美国畅销书作家戴尔·卡耐基的话说，"把没有意思的工作很有意思地去完成"，只这么一变，你眼中的许多事情都会悄悄地发生微妙的变化：排队买东西，站在长长的队伍中，正是你集中精力思考问题的好机会；叮叮当当的"锅碗瓢盆交响曲"，正是由你这只不会弹钢琴的手演奏出来的生活乐章；气喘吁吁地抱着煤气罐爬楼梯不同时又在锻炼着你的腿力吗……

人生的快乐多的是。我们干吗光把眼睛盯在烦恼上而不旁及其他，我们干吗自己给自己找烦恼?!让我们就这样洒脱、聪明地"稍微变一下"吧，它说不定就能改变你的生活，也说不定就改变了你自己……

心灵体验

很多时候，人们往往对自己的幸福看不到，而别人的幸福却很耀眼。想不到，别人的幸福也许对自己不合适，更想不到，别人的幸福也许正是自己的坟墓。

1.对美国畅销书作家戴尔·卡耐基所说的"把没有意思的工作很有意思地去完成"。你是怎样理解的?

2.请用简洁的语言表达文章的主旨。

换个角度看自己

◆ 唐小凤

> 当你在人生中遇到转不过弯的时候,不妨换一个环境、换一个角度,重新审视自己。

很长一段时间,心情很糟,总觉得世上任何人都比自己强,自己看自己,越看越渺小,渺小到不能再小的地步。一日一要饭的走到门前,同情的同时,忽然觉得有时自己甚至连一个要饭的都不如,至少要饭的在穷得无路可走时,能丢下人的尊严,卑躬屈膝地站到别人面前请求施舍。仔细想想,无论落到何种地步,我都难有这种超人的勇气。越羡慕别人的长处,越轻看自己,于是躲开身边的人,不愿和别人打交道。上班时,不出办公室,下班后,不出家门,这样的日子虽然过得很平静,但心情总是那么压抑。

因为偶然与无奈,我进入了一个新的单位,但意想不到的是,新的环境、人员竟无意中改变了我那自卑多日的性格,我渐渐地学会从另一个角度来看自己、看别人;竟发现自己许多过去看不到的长处,换一个角度、换一个环境看自己,心情竟然舒畅起来。每个人都有自己的长处和短处,总看到别人的长处,自己就觉得渺小,而总看到别人的短处,自己就觉得伟大。伟大和渺小两种感觉在人生中其实都不可取。看到别人的长处,也应看到自己的长处,我们每个人都有被别人羡慕的时候,正视自己,正视现实,"佛之为佛,只因我们跪着;人之为人,是因生来平等"。明白这一点,尽管很晚,但毕竟明白了。

当你在人生中遇到转不过弯的时候,不妨换一个环境、换一个角度,重新审视自己,努力改变自己,你会发现天空是那么的蓝,供我们选择生存的路是那么多,没有必要自寻烦恼。在这个世界上,自己不会成为最好的一个,但也绝不会是最差的一员。

脚下的路还很长,既然已踏上了人生的航程,就不要拒绝让步;既然已选择了远方,就不要停留;既然风帆已扬起,就不要拒绝起航,即使失败一万次,如果还活着,就要走下去……

　　1.读了这篇短文,你有什么启示?
　　2."佛之为佛,只因我们跪着;人之为人,是因生来平等。"说一说这句话的意思。

另 起 一 行

◆大 卫

　　"另起一行"就是意味着永不松动,永不萎靡,
意味着在困境中重新崛起!

　　人生有好多条路,你只能走好其中的一条,我们都是凡夫俗子,谁都不能圣人一般地把自己的脚印叠加成一个个正确无误的路标。有时候,我们难免迷迷糊糊地误入歧途,或者神思恍惚地走上一条远离目的地的岔道。等你陷入了生活的怪圈,才会突然觉得早就应该把自己执着的目光拓展成人生的跑道。

　　面对这个可爱又可恨的世界,真的让人感到既兴奋又无奈,每个人都有自己最恰当的生活方式,有的人天生是个能把落叶弹成音符的钢琴家,于是,她把长长的头发悠扬成动人的旋律;有的人命中注定是个能把云霞泼成一幅清雅的国画的人,于是,他把夜色磨成一池墨汁。但是,生活常常阴差阳错,你对舞蹈迷得如痴如醉,命运却安排你去当电话机务员,面对铃声的此伏彼起,你的脚尖一点也不能芭蕾;你本想当一名电气工程师,但命运之手却把你推进办公室,让岁月把你雕塑成一把椅子,在报纸与茶水中,体验生活的寡淡与无味。我想,人最得意的莫过于干自己所爱好的工作,这样不仅心情舒畅,而且容易全方位发挥自己的潜力。爱因斯坦老先生说过这样一句名言:爱好是最好的老师!

　　我有一位从名牌大学企管系毕业的朋友,今年该分配工作了。按常规应该顺理成章地进企管部门工作,但是通过对自己的性格及个性的彻底分析,她觉得如果那张毕业证书把她贴上"企管"的标签,她可能很难向社会淋漓尽致地推销自

已。她觉得她敏捷的思维、不浅的文学功底及那一份专心致志的敬业精神更适合于干记者。于是，她多方奔波，终于在沿海一家颇有名气的省报谋得记者一职。如今，她马上就要走上工作岗位，在报纸上发表自己的汗水与微笑了。我觉得她是一个成功者，前些时候打电话向她祝贺，想不到她竟淡淡地说：其实，这根本算不了什么，我只不过比较清醒地找到自己的最佳位置而已，犹如高速运行的电子找到了一条最适合自己运行的轨道。说句良心话，谁都想最大限度地发挥自己的能量，但是，由于种种原因，并不是你想干什么就让你干什么的。目前，有许多人是在自己并不喜欢的岗位上，干并非自己所愿干的工作。在这种情况下，还是不要着急为好，所谓的生活其实就如写文章一样，当你发觉笔下的那一句不是自己最满意的言语，甚至是败笔的时候，那你就暂时停笔思考一下，等到精彩的华章涌向笔端，何妨另起一行重新抒写，直至满意为止。

朋友的话给了我很大启发，放下电话我不禁陷入沉思。"另起一行"的含义绝不仅仅是指这些：譬如，当你失恋了，不必苦闷也不必彷徨，静心地对自己的过去重新思忖一下，相信有一个美丽的恋人会在某一个地方等你，等你把所有的烦恼统统抛光，等你把一束温情的目光握成笔，重新在爱情信笺上另起一行。

又譬如，当你事业受挫了，你不必灰心丧气，相信坚强的信念定能点亮成功的灯盏，相信布满血丝与劳顿的眼睛，在总结失败教训的基础上，定会另起一行。

不管怎么说，"另起一行"就是意味着永不松动，永不萎靡，意味着在困境中重新崛起！

"另起一行"就是意味着找到自己最佳位置，找准属于自己的人生跑道。这世界上的路有千条万条，但最难找到的就是适合自己走的那条道。走错了路不要紧，关键是能否从错误中吸取有益的教训，把身躯化成一支笔，跌倒在哪个地方，就在哪个地方重新另起一行！

心灵体验

本文开始悠悠地感叹那些令人无可奈何的事，又回转笔锋，层层深入，从朋友的启发拓开，探究，直至最后总结全文，水到渠成地推出所要揭示的人生哲理："走错了路不要紧，关键是能否从错误中吸取有益的教训，把身躯化成一支笔，跌倒在哪个地方，就在哪个地方重新另起一行！"

1.谈一谈你是怎样理解文章标题的,标题好在哪里?
2."走错了路不要紧,关键是能否从错误中吸取有益的教训,把身躯化成一支笔,跌倒在哪个地方,就在哪个地方重新另起一行!"这句话是文章的点睛之笔,也是我们人生的指航灯,说一说,这句话对你的启示。

完美与残缺

◆白 帆

其实人生的意义,就孕育在这与艰难困苦的搏斗之中。

朋友搬进了新居,数位好友齐聚,贺其乔迁之喜。

主人不俗,懂得享受生活,虽不富裕,屋子却布置得简单而富有情趣。阳台很宽敞,悬挂着几盆花花草草,红绿相间,疏密有致,令人赏心悦目。

我们在春日的艳阳下,散漫地坐着,随意地吃着水果,喝着饮料,眺望远处的高楼,近处的鲜花和草坪,谈论着轻松的话题,时空好像静止了,没有人愿意打破这份难得的温馨。

"嘿!你们看出来没有,这几盆花草有真有假。"一位细心的女士说。

"我怎么没有看出来呢?"有人反问道。

"不用手摸,不用鼻子闻,谁能在5米以外准确地指出真假,我就送给谁一盆郁金香。"主人有些得意地说。

于是大家都开始仔细地观察起来。我是植物盲,奇怪,不管我怎样努力,也记不住各种花草树木的名字,更辨别不清品种的好坏,喜欢观赏植物,却总是说不出所以然来。我只知道那些能够令我心旷神怡的就一定是好植物,一文钱不值的野草,有时候比标价几千元的奇花异草更令我动心。

眼前的几个盆栽,都长得很茂盛,看起来个个碧绿如玉,青翠欲滴。花儿,也开得有声有色,汪洋恣意。猛然看去,的确难辨真假。可是看着看着,感觉出来了。我发现有三盆花依稀能够找到枯萎的残叶,有的叶片上还有淡淡的焦黄,显示出新陈代谢和风雨侵袭的痕迹。可是另外两盆,绿得鲜艳,红得灿烂,没有一片多余的赘叶,没有一丝杂草,更没有一根枯藤。一切都是精心设计精心制造的结果,它们显得完美无缺。看着它们，我那轻快的心荡起了一阵涟漪，似乎这完美的东西远不如那些夹杂着残枝败叶的新绿更令我愉快。

我曾经去过一个美国国家沼泽森林公园。时值枯水季节，我们很幸运，可以沿着小径一直走进沼泽森林的深处，那时候，大自然的魅力深深地震撼了我。举目望去，一株株笔直挺拔的参天大树，伟伟岸岸的一直蔓延到天地的尽头，间或有几株不知何时被风吹倒的树木歪在地上，有的渐渐风化了，长满了绿苔，松鼠和一些小动物们用它做窝，嬉戏其间，别有一番情趣。我想，如果没有这些倒掉的残木，没有参差不齐一蓬一蓬的灌木丛，只有整齐划一的栋梁之材，这原始森林就会逊色多了。

世界上万事万物又何尝不是如此呢。太完美就失去了它的真实性。儿童的可爱，在于他们的天真和稚气，尽管他们常常摔跤，需要人搀扶。青年人的优点，在于他们敢冲敢闯，在于他们的蓬勃和朝气，哪怕他们常常会犯各种各样的错误。因为有了他们，世界才显得生气勃勃，一片生机。

其实人生的意义，就孕育在这与艰难困苦的搏斗之中。长城的雄伟壮丽，在于它不惜蜿蜒曲折，艰难跋涉于崇山峻岭之中。长江的气势恢宏，在于它历尽艰辛，绕过无数激流险滩，毫不动摇地奔腾呼啸，滚滚向东而去。没有荆棘丛生的杂木和小草，就没有长满参天大树的原始森林。没有艰难困苦，就不是完整的人生。一辈子没有受过挫折的人，是一个活得苍白乏味，活得最没意思的人。

"那盘没有枯叶的花是假的，虽然它看起来更鲜艳，更完美无缺，但是我还是喜欢真的。"有人打断了我的思绪。

看来，我的悟性实在太差，我所想到的，只不过是一个人人都知道的事实，一个非常浅显随处可见的道理。

心灵体验

美是一种内在的旋律，正如断臂维纳斯被看作美的极致一样。残缺的背后，往往蕴含着美的神韵。

放飞思维

1. 为什么看上去完美的假花远不如那些夹杂着残枝败叶的新绿令人愉快？

2. 有人说，真实即完美。从这个意义上来说，完美的人生应该是怎样的呢？

3. 读文章最后一段，说说"我"所想到的真的是一个人人都知道、非常浅显的道理吗？

67

点燃起信仰的明灯

◆ 樊 竟

　　信仰是事业的大门，没有正确的信仰，注定做
不出伟大的事业。

　　"一个人在受到挫折的时候，最好能理智地思考一下整个人类历史。"这是杨联康同志在《我和历史之间……》一文中的开场白。杨联康同志是一个青年地质科学工作者，在十年浩劫期间，他横遭迫害，被囚禁了五年之久。在洞黑的囹圄之中，杨联康没有颓废沉沦。一个坚强的信念和明确的信仰在鞭策着他，他的身体被铁窗禁锢住了，而思想却遨游在人类历史的长河中，从而他信仰的明灯愈烧愈旺，激励着他为正义、为真理而奋战不息。在双腿瘫痪、求生困难的逆境下，他顽强地活了下来，并在拾来的纸片上，写出了20余万字的学术论文、科普文章和忧国忧民的建议。

　　意大利的空想社会主义者康柏拉为了祖国的解放而战斗。他被捕后，在狱中度过了27年，每次严刑拷打都使他昏死过去，但每次苏醒过来，他的第一个信念就是："我能思索，我还活着！"他不屈不挠，以自己的心血筑成人类思想史上最早的空想社会主义著作之一——《太阳城》。

　　鲁迅先生说过："伟大的心胸，应该表现出这样的气概——用笑脸来迎接悲惨的厄运，用百倍的勇气来应付一切不幸。"我们有少数青年同志，由于十年浩劫，在生活的道路上扑朔迷离，产生了一种空虚、失望感。他们惆怅地说："我们被耽误了！"他们感到理想不过是"空中楼阁"，信仰也是虚幻缥缈的东西。他们不是用笑脸来迎接厄运，去继续战斗，而是饱食终日，得过且过，成为生活道路上的弱者。

　　信仰是事业的大门，没有正确的信仰，注定做不出伟大的事业。电影大师卓别林说过："我相信，信仰是我们一切思想的先行官。"信仰的力量能唤起人们对于美好未来的情感，并鞭策人们为此目的去百折不挠地探索、进击。我国历史上尊崇恪守信仰的人物更是数不胜数。南宋民族英雄文天祥死后，人们发现他在就义前写了这样的话："读圣贤书，所为何事？而今而后，庶几无愧。"意思是说：我们读圣贤的书，为的是什么呢？为的是报效国家，现在我要为国捐躯了，从今以后，我没有什么可羞愧的了。明末少年民族英雄夏完淳就义前赋诗道："人生孰无死，贵得死所耳……神游天地间，可以无愧矣！"意思是说：人生谁人不死呢？难能可贵的是死得其所。我死后精神遨游在天地间，也可以问心无愧了。方志敏烈士说："敌人只能砍

下我们的头颅,决不能动摇我们的信仰!因为我们信仰的主义,乃是宇宙的真理!"

在人生漫长而坎坷的征途中,谁都难免有一时的消沉和彷徨,但是一个点燃起信仰明灯的人,总会坚定地生活和战斗,保持高尚的情操。让我们振奋革命精神,为了祖国的繁荣富强奋斗不息!

人生之路是漫长而又曲折,但只要信仰之灯长明,终会勇气倍增,战胜挫折,笑对人生,奔向光明。

1.作者列举了几位名人的人生经历,用一句经典的话概括说明。

2.你的生活中有"点燃起信仰的明灯"的人吗?说说他们是如何点燃起信仰的明灯的。

硬币决定命运

◆林 文

是呀,如果当初选择了另一面,她的人生将是另外一种情形。可惜人生不能假设。

我的朋友开了一家律师事务所,她是他的雇员。我猜她可能是大学毕业没多久,没什么阅历,才来这打工吧。后来,我们接触长了,我发现她业务非常熟练,有许多案子都是她一手办理的。有一次,我和她开玩笑说:"你业务这么好,可能在这儿做不了多久,就要自己开事务所了!"她脸上掠过一道阴影,摇摇头,苦笑一下,说:"我这辈子,恐怕开不了事务所了!我没有律师资格。"她好像有什么心思。

那之后不久,我们有了一次交谈。

她把手伸到颈后,解下脖子上系的一根红线,我以为上面拴着玉坠或长命锁之类的什么,但不是,是一枚很普通的1元硬币,只不过中间穿了一个眼。

她讲起自己的故事——

我的人生,可以说,是从这枚硬币开始的。那一年我17岁,刚参加完高考,在家闲着没事,就去我姐姐那儿玩。她当时租了一个服装摊位卖服装,生意还不错。

69

那天她有事出去，我就帮她看摊。来了一位女顾客，20多岁，穿着很娇艳，陪她一起来的是一位中年男人。一看就知道他们关系暧昧，是情人或"二奶"之类的，她那副趾高气扬的样子，我看不惯，不怎么理她，而她好像和我作对，一会儿让我拿这件，一会儿让我拿那件，挑来挑去，最后一件也没买，走了。

我这个气呀，一面在心里骂她，一边收拾被她翻乱的衣服。这时候，我发现在衣服的下面，有一个钱包。我打开一看，里面是厚厚一沓钱和一个3万元的存折。一定是那个讨厌女人的。我第一个念头就是：不给她！我把钱包藏在衣服最下面。我刚藏好，那个女人就进来了，她用怀疑的目光看着我，又看看四周，问我看没看见她的钱包。她刚进来的时候，我有点儿犹豫，可一看她那样子，心里一气就说没有。她用鼻子哼了一声，就要动手找，我不让，我们俩吵了起来，后来她走了。

看着她的背影，我想：还是还给她吧！可是又气不过，我犹豫着，把手放进衣兜里，正好摸到一枚1元硬币。我想：干脆抛硬币决定！如果数字在上面，就还给她！于是，我就抛了硬币，结果数字在下面，我没有还给她。

说到这，她停了下来，看看我，摇摇头，说：后面的事，我想你已经知道了。我的大学录取通知书和判决书是同时下达的，我考上北京一所大学，但是我已经没有资格去了。我将在监狱里度过5年。

她摆弄着手里的硬币。

我一直把这枚硬币带在身上，每次看到它，我都想：如果当初我选择了另一面，会是什么样？

是呀，如果当初选择了另一面，她的人生将是另外一种情形。可惜人生不能假设。

不过，我现在已经不这么想了。即使选择了另一面，结局也一样，以后也会犯类似的错误。人生有很多十字路口，在每一个路口前，就算竭尽所能，谨慎认真地选择也不可能完全避免出错，何况放弃选择，把命运交给一枚小小的硬币呢……

在人生的道路上，有很多十字路口，这需要我们的选择。这种选择需要我们的理智、品质和勇气。只有通过理智、品质和勇气，认真谨慎而严肃地作出决定，才能使我们在人生的道路上少走弯路。

1.这位女雇员为什么要用一根红线穿着一枚硬币挂在脖子上？

2.用硬币决定给钱包还是不给，这一举动是否正确？为什么？

3.仔细阅读文章的最后一段，说一说作者想要表明什么？

　　成功的瞬间只是人生的小
站,而快乐除了"到站"的一刻
外, 更在于一路的奔波和永无
止境的追求。快乐体现在对自
己一次又一次的肯定上。

让心灵站立

　　其实，当我们每个人踏上"人生"这趟旅程的时候，也就和生命签下了一份契约。它要我们用心去收藏旅途中的点点滴滴，仔细珍重生活中的所有细节，用心底流淌的爱去体味生命中的一切感动。

你不必完美

◆[德]哈罗德·斯·库辛

生命是一场球赛，最好的球队也有丢分的记录，最差的球队也有辉煌的一天。

我们当然应该努力做得更好，但人是无法要求完美的。我们面对的情况如此复杂，以致无人能始终不出错。

好几次，当我必须告诉我的孩子们我在某件事上做错了时，我多害怕他们不再爱戴我。但我非常惊奇地发现，他们因为我愿意承认自己的错误而更爱我。比较起来，他们更需要我诚实、正直。

然而，有时人们并不能正确对待自己的过失。也许我们的父母期望我们完美无瑕；也许我们的朋友常念叨我们的缺点，因为他们希望我们能够改正。而他们难以谅解的是，因为我们的过失总在他们最脆弱的时候触痛了他们的心。

这让我们感到负疚。但在承担过错之前，我们必须问问自己，那是否真是我们应该背负的包袱。

我是从一个童话中得到启示的。一个被劈去了一小片的圆想要找回一个完整的自己，到处寻找自己的碎片。由于它是不完整的，滚动得非常慢，从而领略了沿途美丽的鲜花，它和虫子们聊天，它充分地感受到阳光的温暖。它找到许多不同的碎片，但它们都不是它原来的那一块，于是它坚持着找寻……直到有一天，它实现了自己的心愿。然而，作为一个完美无缺的圆，它滚动得太快了，错过了花开的时节，忽略了虫子。当它意识到这一切时，它毅然舍弃了历尽千辛万苦才找到的碎片。

这个故事告诉我们：也许正是失去，才令我们完整。一个完美的人在某种意义上说，是一个可怜的人，他永远无法体会有所追求、有所希冀的感觉，他永远无法体会爱他的人带给他某些他一直追求而得不到的东西的喜悦。

一个有勇气放弃他无法实现的梦想的人是完整的；一个能坚强地面对失去亲人的悲痛的人是完整的——因为他们经历了最坏的遭遇，却成功地抵御了这种冲击。

生命不是上帝捕捉你的错误的陷阱。你不会因为一个错误而成为不合格的人。生命是一场球赛，最好的球队也有丢分的记录，最差的球队也有辉煌的一天。我们的目标是尽可能让自己得到的多于失去的。

当我们接受人的不完美时,当我们能为生命的继续运转而心存感激时,我们就能成就完整,而别的人却渴求完整——当他们为完美而困惑的时候。

如果我们能勇敢去爱、去原谅,为别人的幸福慷慨地表达我们的欣慰,理智地珍惜环绕自己的爱,那么,我们就能得到别的生命不曾获得的圆满。

谁不追求人生的完美?谁不渴望生命的圆满! 然而,一个德国人却说出了一句惊世骇俗的话——你不必完美! 美是内在的旋律,正如断臂维纳斯被看作美的极致一样。在过于追求完美时,你会错过人生的点点滴滴。

1.作者从童话中得到的启示是什么?

2.朋友,烦恼是这么多,每个人都在承受;梦想是这么多,每个人都在追求。只是,真实的人生却在提醒我们:完美和缺憾其实近在咫尺。你是如何看待这个问题的呢?请结合自身的感受,谈谈你对"完美"的看法。

磨　难

◆赵　燮

> 人的容颜往往和磨难成反比,人的魅力往往和磨难成正比。

磨难有如一种锻炼,一方面消耗了大量体能,一方面却又强身健骨。

对待磨难有两种态度,一种是主动迎接,一种是被动承受。古时的斯巴达青年,迫于风俗的压力,每年都要在神坛上承受笞刑,以增强忍受磨难的耐力,这同时具有主动和被动的两种因素。

主动迎接磨难的人,在忍受磨难的痛苦时,内心多是坦然的,磨难使他好像刀剑磨出锋芒;被动承受磨难的人,在为磨难所煎熬时,内心多充满惶惑,磨难使他仿佛卵石愈见圆滑。

过多的磨难,对于一个英雄来说,或许是件幸事,诚如孟子所言:"天将降大任于是人也,必先苦其心志,劳其筋骨,饿其体肤,空乏其身,行拂乱其所为,所以动心忍性,曾益其所不能。"而对于一个国家来说,却无论如何是一种不幸,中国的近代史已把这一点昭示得清清楚楚。古人言:多难兴邦。这只是一种狭义上的真理,而不是广义上的真理。英国作家希尔顿在他的小说《失去地平线》中,虚构了一个地名——香格里拉。后人多把香格里拉喻为世外桃源。

遗憾的是,人们命运中的香格里拉总成虚幻,而生命中坦塔罗斯式的磨难却是百分之百的真实。

就人生而言,总是从平坦中获得的教益少,从磨难中获得的教益多;从平坦中获得的教益浅,从磨难中获得的教益深……因此,若想做一个非常平凡的人,则是磨难少一些更好;若想做一个出类拔萃的人,则不妨多经历些磨难。

人的容颜往往和磨难成反比,人的魅力往往和磨难成正比。

磨难能使人优秀。如果既想成为优秀,又想远避磨难,这样的事情几乎是极少可能发生的。

磨难犹如人生的老友,时时伴随。对待磨难有两种态度:一种是主动迎接,一种是被动承受。只有主动迎接磨难的人,才能在忍受磨难的痛苦时,以坦然的内心面对磨难,战胜磨难。

1.你是怎样看待磨难的,看完本文,给你怎样的启示?

2."就人生而言,总是从平坦中获得的教益少,从磨难中获得的教益多;从平坦中获得的教益浅,从磨难中获得的教益深……"你赞成这种观点吗?为什么?

磨难，人生的一种财富

◆许文红

> 何谓痛苦？我理解痛苦是超出人的承受能力
> 之外的东西。

追求生活的圆满是人生的良好愿望，然而真正实现这个愿望，又何其难啊！漫漫人生失缺和倾斜几乎是不可避免的。于是出现了不满足，出现了苦痛。在形式上，你有满意的爱人和美满的家庭，但事业不一定顺利；你事业上大有可为，却不免失去家庭的温馨；你有平稳的家庭生活，不一定懂得爱；你有爱，但并非拥有幸福。人生之路，常常受到意想不到的磨难。在内涵上，你当怎样把握生活的哲学问题？你将怎样直面严肃的人生？面对生活的考验，你当怎样摆放自己的位置？

人不怕痛苦，只怕丢掉刚强，人不怕磨难只怕失去希望。面对风风雨雨，有这样的路可走——去认识大海。这是人生旅途中一条清醒畅通的路。在广阔的海洋里，你能清醒地认知恼、恨、忧、愁。把经过的每次大风浪，看作是生活的一种新尝试，看作是生命体的一个新光环。把遇到的每次大冲击当成人生的新课题。每冲破一次危机，你便增加一分生活的勇气，每征服一个难题，你就赢得一个成功。

何谓痛苦？我理解痛苦是超出人的承受能力之外的东西。痛苦和磨难是人生宝贵的财富，生活中没有阻力，人的价值就体现不出来，旅途上没有艰险，人生就没有滋味。人生还有一条路会让你丰富多彩，那就是："走访"艺术之乡。这是另一个美妙的世界。"人禀七情，应物斯感，感物吟志，莫非自然。"残山剩水，枯藤老树，夕阳西下，景触情，情触景，你会领略到自然之韵。

"莫道不消魂，帘卷西风，人比黄花瘦。""君不见，黄河之水天上来，奔流到海不复回；君不见，高堂明镜悲白发，朝如青丝暮成雪。"你惊叹人的奇想俏喻。

不管是豪放的画笔，还是细腻的雕刻，无论是"斗牛舞曲"，还是"二泉映月"……一句话，只要是有魅力的艺术，就会给你一分享受，一分轻松，一丝深悟，一丝蕴藉。经过艺术浓缩的生活，给人启迪和鼓舞，它用历史和现实的角度衡量社会生活的美、丑、喜、怒、悲，指导人们更深刻地看待昨天、今天和明天。

没有什么比生活更富有，更生动，更崇高的了，心中有了这杆秤，还怕称不出失意、坎坷、痛苦、磨难的力量！

笑傲磨难吧——那是属于你的一份财富。

"天将降大任于是人也，必先苦其心志，劳其筋骨，饿其体肤，空乏其身，行拂乱其所为"。磨难是上天恩赐的一种财富，在经历过"磨难"导弹的狂轰滥炸之后，可能你就被炼成"金刚不坏之身"了。

就人生而言，总是从平坦中获得的教益少，从磨难中获得的教益多；从平坦中获得的教益浅，从磨难中获得的教益深……

1. 你怎样理解"磨难，人生的一种财富"。你是否赞成作者的观点？

2. "磨难，人生的一种财富"给了你怎样的启示？

反思的力量

◆吴志强

总经理笑呵呵地凝视着我的朋友，直到她心平气和才开口说话了。

朋友应聘一家独资公司。

该公司把前来应聘的人安排在会计室分三天做三次考核。

第一次考试，朋友便以99分的好成绩排在第一。一位叫小米的女孩以95分的成绩排在第二。

第二次考试试卷一发下来，朋友感到纳闷，当天的试题和第一次的试题完全一样。开始她认为发错了试卷。但监考人员一再强调，试卷没有发错。既然试卷没有发错，朋友也懒得去想，自信地把笔一挥，还不到考试规定时间的一半，试卷便全填满了。朋友把试卷一交，其他应聘的考生也陆陆续续地把试卷交了上去。人人脸上都春风得意，显然，个个都认为自己胜券在握。第二次考试考分一出来，朋友仍以99分不动摇的成绩排在第一。而那位交卷最晚的女孩小米以98分的成绩排在第二。

第三天准时进行第三次考试。

"这次该不会拿同样的题目给我们考吧？"

进考场前,应聘的考生们议论纷纷。

试卷一发下来,考场上顿时开了锅,因为试卷和前两次完全一样!

"安静,安静,大家听我说,这次考题和前两次一样,都是公司的安排。公司怎么安排,我们就怎么执行,如有谁觉得这种考核办法不合理你可以放下试卷,我们随时放你出考场。"

监考人员把桌子拍得"啪啪"响。

众人一看招聘人员发怒了,只好老老实实低下头去答卷。

这次考试更省事儿,绝大部分考生和朋友一样,根本用不着看考题,"刷刷刷"就直接把前两次的答案给搬上去了。不到半个钟头,整个考场都空了。只有那位叫小米的考生仍托腮拍脑,绞尽脑汁冥思苦想。时而修改,时而补充且到收卷铃响才把答卷交了上去。

第三次考分出来,朋友长长舒了一口气。她仍以99分的成绩排在第一。不过这次没有独占鳌头。考生小米这次也以99分的好成绩和她并列第一。但朋友一点也不担心被她挤下来。

第四天录用榜一公布,朋友傻眼了:上面只有小米的名字,她落选。朋友当时就找到总经理办公室,理直气壮地质问他:

"我三次都考了99分,为什么不录用我而录用了前两次考分都低于我的考生呢?你们这种考核公平吗?"

朋友显得异常激动。

总经理笑呵呵地凝视着我的朋友,直到她心平气和才开口说话了。

"小姐,我们的确很欣赏你的考分。但我们公司并没有向外许诺,谁考了最高分就录用谁。考分的高低对我们来说只是录用职员的一个依据,并非最终结果。不错,你次次都考了最高分,可惜你每次的答案都一模一样,一成未变。如果我们公司也像你答题一样,总用同一种思维模式去经营,能摆脱被淘汰的命运吗?我们需要的职员不单单要有才华,她更应该懂得反思,善于反思善于发现错漏的人才能有进步,职员有进步公司才能有发展,我们公司之所以三次都用同一张试卷对你们进行考核,不仅仅是考你们的知识,也在考你们的反思能力。这次你未能被选用,我实在抱歉。"

朋友哑口无言,羞愧难当地退出了总经理的办公室。

面对重复,面对考验,是积极地、勇敢地、认真地对待,还是重复、单调,不去认真反思?文中的小米给了我们圆满的答案:小米面对一成不变的考卷,一而再,再而三,她不是消极地应付,而是积极地应对,所以她获得了成功。

1.招聘公司最终录用的不是三次都考99分的,而是录用了前两次都低于99分的,这说明了什么?

2.你若是这次的应聘者,你会怎样面对这次考试呢?

握紧你的右手

◆毕淑敏

高原呼啸的风雪,卷走了我一生中最好的年华,并以浓重的阴影,倾泻于行程中的每一处驿站。

常常见女孩郑重地平伸着自己的双手,仿佛托举着一条透明的哈达。看手相的人便说:男左女右。女孩把左手背在身后,把右手手掌对准湛蓝的天。

常常想:世上可真有命运这种东西?它是物质还是精神?难道说我们的一生都早早地被一种符咒规定,谁都无力更改?我们的手难道真是激光唱盘,所有的祸福都像音符微缩其中?

当我沮丧的时候,当我彷徨的时候,当我孤独寂寞悲凉的时候,我曾格外地相信命运,相信命运的不公平。

当我快乐的时候,当我幸福的时候,当我成功优越欣喜的时候,我格外地相信自己,相信只有耕耘才有收成。

渐渐地,我终于发现命运是我怯懦时的盾牌:当我叫嚷命运不公最响的时候,正是我预备逃遁的前奏。命运像一只筐,我把自己对自己的姑息、原谅以及所有的延宕都一股脑儿地塞进去,然后蒙一块宿命的轻纱。我背着它慢慢地向前走,心中有一份心安理得的坦然。

有时候也诧异自己的手。手心叶脉般的纹路还是那样琐细,但这只手做过的

79

事情，却已有了几番变迁。

在喜马拉雅山、冈底斯山、喀喇昆仑山三山交会的高原上，我当过卫生员；在机器轰鸣钢水飞溅的重工业厂区里，我做过主治医师；今天，当我用我的笔写我对这个世界的想法时，我觉得是用我的手把我的心制成薄薄的切片，置于真和善的天平之上……

高原呼啸的风雪，卷走了我一生中最好的年华，并以浓重的阴影，倾泻于行程中的每一处驿站。

岁月送给我苦难，也随赠我清醒与冷静。我如今对命运的看法，恰恰与少年时相反。

当我快乐当我幸福当我成功当我优越当我欣喜的时候，当一切美好辉煌的时候，我要提醒我自己——这是命运的光环笼罩了我。在这个环里，居住着机遇，居住着偶然性，居住着所有帮助过我的人。

而当我遇到挫折和悲哀的时候，我便镇静地走出那个怨天尤人的我，像孙悟空的分身术一样，跳起来，站在云头上，注视着那个不幸的人，于是我清楚地看到了她的软弱，她的怯懦，她的虚荣以及她的愚昧……

年近不惑，我对命运已心平气和。

小时候是个女孩，大起来成为女人，总觉得做个女人要比男人难，大约以后成了老婆婆，也要比老爷爷累。

生活中就像没有无缘无故的爱一样，也没有无缘无故的幸运。对于女人，无端的幸运往往更像一场阴谋一个陷阱的开始。我不相信命运，我只相信我的手。因为它不属于冥冥之中任何未知的力量，而只属于我的心。我可以支配它，去干我想干的任何一件事情。我不相信手掌的纹路，但我相信手掌加上手指的力量。

蓝天下的女孩，在你纤细的右手里，有一粒金苹果的种子。所有的人都看不见它，唯有你清楚地知道它将你的心灸得发痛。

那是你的梦想，你的期望！

女孩，握紧你的右手，千万别让它飞走！相信自己的手，相信它会在你的手里，长成一棵会唱歌的金苹果树。

不管怎么样，曾经由父母构筑的情爱乐园注定是要失去的，我们迟早是要走上社会的。社会上有善也有恶，生活中有喜悦也有伤悲，如何面对呢?本文作者告诉了我们一个普通的人生哲理：不相信命运，只相信自己。

 放飞思维

1.怎样理解"生活中就像没有无缘无故的爱一样,也没有无缘无故的幸运"?

2.这篇文章告诉给读者的人生哲理是什么?

3.请搜集毕淑敏的哲思类文章细读,学习其提炼生活的技巧。

另一种珍爱

◆ 乔 叶

也许有人会说这是一种自我欺骗,可是如果这种短暂的欺骗能获得长久的真实的幸福,自我欺骗一下又有什么不好呢?

曾读过一篇小说《绿墨水》,讲一位慈父为使女儿有勇气面对生活,而借她同班男生的名义给她写匿名求爱信。感动之余我忽然想到,人真是太脆弱了,似乎总是需要通过别人的语言和感情才能肯定自己,热爱自己。如果有一天这世界上没有一个人去关怀你爱护你倾听你鼓励你——人生中必定会有这样的时刻,那时你怎么办呢?

我深深记着一位老音乐家辛酸的轶事。他在"文革"中被下放到农村为牲口铡了整整7年的草。等他平反回来,人们惊奇地发现他并没有憔悴衰老。他笑道:怎么会老呢,每天铡草我都是按4/4拍铡的。为此,我爱上了这位并不著名的音乐家和他的作品,他懂得怎样拯救自己和爱自己。

我同样深深记着另一位音乐家——杰出的女钢琴家顾圣婴。我不止一次为她扼腕叹息。她在"文革"初期自杀了。我知道她不是不爱自己,而是太爱——爱到了溺爱的程度。音乐使她飘逸空灵清丽秀美,可当美好的东西被践踏的时候,她便毁灭了自己。

为什么不学会爱自己呢?

学会爱自己,不是让我们自我姑息,自我放纵,而是要我们学会勤于律己和矫正自己。这一生总有许多时候没有人督促我们指导我们告诫我们叮咛我们,即使是最亲爱的父母和最真诚的朋友也不会永远伴随我们。我们拥有的关怀和爱抚都有随时失去的可能。这时候,我们必须学会为自己修枝打权寻水培肥,使自己不会

81

沉沦为一棵枯荣随风的草,而成长为一株笔直葱茏的树。

学会爱自己,不是让我们虐待自己苛求自己,而是让我们在最痛楚无助最孤立无援的时候,在必须独自穿行黑洞洞的雨夜没有星光也没有月华的时候,在我们独立支撑着人生的苦难没有一个人能为我们分担的时候——我们要学会自己送自己一枝鲜花,自己给自己画一道海岸线,自己给自己一个明媚的笑容。然后,怀着美好的预感和吉祥的愿望活下去,坚忍地走过一个又一个鸟声如洗的清晨。

也许有人会说这是一种自我欺骗,可是如果这种短暂的欺骗能获得长久的真实的幸福,自我欺骗一下又有什么不好呢?

学会爱自己。这不是一种羞耻,而是一种光荣。因为这并非出于一种夜郎自大的无知和狭隘,而是源于对生命本身的崇尚和珍重。这可以让我们的生命更为丰满更为健康,也可以让我们的灵魂更为自由更为强壮。可以让我们在无房可居的时候,亲手去砌砖叠瓦,建造出我们自己的宫殿,成为自己精神家园的主人。

学会爱自己,才会真正懂得爱这个世界。

　　人生中总要有几段黑暗的隧洞需要我们独自穿行,这些路上没有扶助你的手,没有拥抱你的人,那我们就要学会自己顶风冒雨,高歌前行。为自己伴奏,从容走过每个雨夜,在第二天晴空下拥抱自己。为了你,我,他,学会爱自己。

1.你读了这篇文章后,明白了一个什么道理?
2.文中写了哪三件事?其意图分别是什么?
3.请从修辞学的角度评析本文的语言特色。

只要你想就能做到

◆ [美]玫琳凯·艾施

> 事实上，你可以运用这种心灵的力量，来决定你的生或死。

你对自己的生命拥有比你想象的更多的主宰权。

我曾看过一篇有关卡尔·赛蒙顿医生的有趣故事。赛蒙顿医生是一位专门治疗晚期癌症病人的专科医生，他提起有一次治疗一位61岁喉癌病人的经过。当时这名病人因为病情的影响，体重大幅下降，瘦到只有98磅(约合44公斤)，癌细胞的扩散使得他无法进食。

赛蒙顿医生告诉这位患者，自己将会全力为他诊治，帮助他对抗恶疾。同时，每天将治疗进度详细地告诉他，并清楚讲述医疗小组治疗的情形，及他体内对治疗的反应，使病人对病得以充分了解，并缓解不安的情绪，努力与医护人员合作。

结果治疗情形好得出奇。赛蒙顿医生认为这名患者实在是个理想的病人，因为他对医生的嘱咐完全配合，使得治疗过程进行得十分顺利。赛蒙顿医生教这名病人运用想象力，想象他体内的白细胞大军如何与顽固的癌细胞对抗，并最后战胜癌细胞的情景。结果两个星期之后，医疗小组果然抑制了癌细胞的破坏性，成功地战胜了癌症。对这个杰出的治疗成果，就连赛蒙顿医生也感到十分惊讶。

其实，赛蒙顿医生是因为运用了心理疗法来治疗这名癌症病人，才获得了如此成功的疗效。他对患者说："你对自己的生命拥有比你想象的更多的主宰权，即使是像癌症这么难缠的恶疾，也能在你的掌握中。"他继续说："事实上，你可以运用这种心灵的力量，来决定你的生或死。甚至，如果你选择活下去，你还可以决定要什么样的生命品质。"

我们一向主张，当你设定一个目标时，必须先在心里想象自己实现目标时的情境，描绘出一幅成功的景象，并随时将那幅景象摆在脑海中。如此，总有一天你的愿望就会变成现实。

我曾经看过一幅海报，令我印象极深。海报上面分别画着一个蚕茧、一条毛毛虫和一只蝴蝶。底下则是一行文字，写着："选择——同样是一生，你愿意当哪一种？一条虫？一个茧？还是飞上枝头的蝴蝶？只要你想做，你就能做到！"

"只要你想就能做到",这是一句多么富有哲理,又能给人以激励的话。生活中,我们总会碰到各种各样的困难,经历各种各样的不如意。假如面对困难时,你连想都不敢想就自动放弃,又怎么能够抓住解决难题的万分之一的机会呢?人的幻想可以为我们编织美丽的希望,可以鼓足我们追求希望的勇气。

1.你的愿望多吗?目前为止实现了多少?你有没有想过为什么有的愿望无法实现?

2.假如让你选择,一条虫,一个茧,一只蝴蝶,你选哪一个?

让心灵站立

◆阿 明

> 我们需要让心灵站立,在权势面前如此,在金钱、荣誉等等面前也同样如此。

罗伯特·科赫是德国著名的医生和细菌学家。有一天,他被召到皇宫去为国王看病。"你为我看病,不能像看别的病人那样!"国王说。"请原谅,陛下,"科赫非常平静地说,"在我眼里,病人都是国王。"

在我们某些人眼里,罗伯特·科赫真是一个傻帽儿,就算你平时真的对病人很好,在你心里,一个国王也没有什么了不起,但是此刻国王站在你面前,你也要说点假话,哄他高兴才是。比如,你可以说:"那当然,陛下这么尊贵,我怎能像对待一般人一样地对待您呢?"如果要显得对国王无限景仰,无比忠诚,你还可以说:"是的,仁德的国王,您想的正是我准备做的,今天我特地给您带来了一个祖传秘方,任何人生病,我都舍不得用,今天我把它带来了,我希望您万寿无疆,您的健康是全德国人民的幸福。"国王高兴了还会少了对你的好处吗?然而,科赫没有这样做,他说出了自己的心里话,在权势面前坚持自己让心灵站立的原则。

我们需要让心灵站立,在权势面前如此,在金钱、荣誉等等面前也同样如此。金钱可能使我们屈服于物欲;一次性使用的荣誉可能让我们忘记生命的最终目标。你要想坚守自己,就必须牺牲这些被世俗看重的东西,并且在这种牺牲中高扬

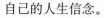

自己的人生信念。

让心灵站立需要一种胸怀。一个胸襟狭隘，只知道为自己打算的人，一定是一个喜欢见风使舵，时刻准备让自己心灵下跪的人。因为他追求的是利益，追求利益必须懂得识别天时地利人和，懂得利用谁、团结谁、孤立谁、打击谁。只有那种心怀大众，把自己的生命自觉地与人民群众的根本利益结合在一起的人，才会宠辱不惊，把坚守自己的灵魂作为生命的最高目标。他们追求的是真理，真理从不察言观色，无论世界怎么变化，它都以自己独有的面貌存在着。

让心灵站立也需要底气。悬崖上的松树不惧外界的压力和诱惑，只是以本质的执着，坚守在别人无法坚守的地方，它令人敬佩。然而，不是每一棵树都可以跻身于悬崖。悬崖上少土，需要一棵树拥有刺穿岩石的力量；悬崖上少水，需要一棵树用心灵浇灌自己。所有这一切都不是那些生活在平地上的树所具备的。树是如此，人又何尝不是如此？有的人要本事没本事，要品质没品质，他不投机，不选择一种风险最少的途径，又怎能讨到自己的饭票呢？当一个人拥有了在世上立足的一切，要显露才华的时候，他是才华最出众的；要显示品质的时候，他是品质最优异的；他要做到让心灵站立，也就顺理成章了。

让自己的心灵站立，以真诚和坚守去面对生活，这是每个人都应该追求的基本的人生目标，达不到这一点，你就不是一个合格的人。

心灵体验　　让自己的心灵站立，以真诚和坚守去面对生活，是每个人都应该追求的基本的人生目标。想要让心灵站立就需要一种胸怀，也需要一种底气，若达不到这些，那就不是一个合格的人。

放飞思维　　1. 说说"在我眼里，病人都是国王"这句话的含义。
2. 让心灵站立为什么既需要"胸怀"，又需要"底气"呢？
3. 在生活中你见过"让心灵站立"的人吗？说说他们是如何让心灵站立的。

随便找个自己的座位

◆刘湛秋

在人的一生中,位置十分重要,它是一个人终
生奋斗的目标,甚至是人类繁荣发展的基本动力。

天底下,你活着,总会有你一个位置。

你在办公室,你在山中的茅舍里,你在火车上,你在公园的湖畔,你在豪华的别墅,你在街心的一角,你在舞台的中心,你在拥挤的观众中……

总会有你的位置,无论这个位置是大是小,是重要还是平凡,你总有一个位置。

你失去社会的位置,失去职业的位置,或是失去爱情的位置,但最终还会剩下——一个大自然赋予你的位置。

只有当你最终离开人世,属于你的位置才消失。

当然,这么去理解是非常消极的。在人的一生中,位置十分重要,它是一个人终生奋斗的目标,甚至是人类繁荣发展的基本动力。

在原始社会中,人类刚从原始的动物状态进化出来,位置的问题,也就毫不留情地摆在生存的空间之上。如果你是酋长或部落统领,你的位置立刻显赫了,你瞬间与众不同,在物质上和精神上立即享有特殊的待遇。奴隶会羡慕苏丹的后宫,百姓会胆怯红色的宫墙,教徒会膜拜梵蒂冈的圣殿。

某种位置代表着权力,也是利益上及精神上的满足。

在位置的争夺中,演出了多少或残酷或惊险或诡谲或奇丽或悲壮或忧伤或英武或卑琐的故事,所有的历史为此而形成,所有的艺术为此而丰满,人类故而光怪陆离,不可理解而又能演绎得头头是道。

而另一种争夺则如水下的暗涌,表面亦如晴朗的天空,一汪平静的湖,那是精神领域中的角逐。一部书的诞生,一项科技的孕育,一种表演技巧的攀登,都在不断地变换着人与人的位置。

还有一种很有趣的现象,就是人与人之间情感的位置。也许,它属于天然的成分更多一些。但也不尽然,往往也充满了戏剧性的痛苦和残忍。

总之,争夺充满了人生各个层面,如果是单纯的争,气氛多半会平和的,而如果是复杂的夺,就必然充满硝烟味。"两虎不同笼""卧榻之侧,岂容他人鼾睡"就赤裸裸地表现出人的特性和对位置的贪婪追逐。秦始皇游会稽、渡浙江时,项羽在路

旁观看,立即说:"彼可取而代也。"就是这种心态的绝好写照。一个位置,有你无我,在今天的现实中,这种状况依然延续。大至总统、议员,小至一个科长的位置,也莫不有幕内幕外的故事,东西方皆如是。

中国人对位置看得更重,更褊狭,甚至座位、座次都斤斤计较。《水浒传》里的卢俊义未上梁山之前,第二把交椅只能空着;中国人吃饭,座席也分出主次,马虎不得。这种观念,渗透至生活中每一个细微的毛孔。

位置的问题,使我们本来就不轻松的生活平添了许多累度。

漫步在大自然的怀抱,徜徉于潺潺流水声中,我常常为大自然的和谐感动。各种奇丽的鲜花径自开放,它们占有自己的位置,却无意于身旁的鲜花。各种伟岸的树生长着,它们都保持一定的距离,它们的根须互相交错。当然,在动植物界也还是有天然的生态平衡,但那是为大自然所选择的。

我们能否更靠近自然呢?人类正处于从童年走向青壮年(地球的46亿年中,人类社会毕竟才几千年啊)这样庄严的时刻,我们这般高意识的生物总该更懂得如何处理自身的弱点。至少,我们可以化干戈为玉帛啊。

作为一个人,我们存在了,就有存在的权利,也就有占一个位置的权利。

但是,我总在思索,怎么才能更轻松更和谐地生活。

其实,我们只需找到一个支点,找到内心平衡的支点。这就是说,重视自己,发展自己,但不去争夺什么位置。只要你自己感到舒畅,什么位置都是可爱的。你上班8小时有自己的位置,8小时外你有一个更宽阔、更随意的位置。这不是号召退归山林,与世无争,而是真正认识自己,选择自己的方向。当我们的自身价值发挥出来时,我们总会有一个位置,尽管我们并非渴求这些。我们会活得很充实、很轻松。我决定这样去生活。

漫长的人生岁月使我愈来愈懂得,重要的是减轻身上的负载,包括心灵上的负载。

> 悄悄地让出多余的位置,
> 为心灵轻松而宁愿远离。

这是两年前写的一首诗的其中两行,这种心态帮助我逐步走向真正的人生,虽然为时晚了一些。

悄悄走进人生的露天剧场,环顾偌大的中心舞台,随意穿过圆形看台,在剩下的空位中,我只随便为自己找一个座位……如果没有空座,那我就在后排或过道中站着……

当今社会,人心很有可能在须史之间被搞得像轮盘飞旋。绝对不能太迷恋外在的光耀,陷入钱权名"新三结义"织成的网中,得给自己发热的头脑浇一瓢凉水。这就需要给自己"定位"。欲求有得有成,须先守定灵魂,给自己"定位"——"汝今能持否"?

没有蓝天的深邃可以有白云的飘逸;没有大海的壮阔可以有小溪的悠然。在人生的坐标上总可以找到自己的位置,关键在于两个字——坦然。找准了自己的位置,才会有真我的价值,真我的风采,真我的气象。

1.在你的人生舞台上,你是怎样地在寻找自己的那个位置,读了本文,对你是否有了启迪呢?

2."悄悄地让出多余的位置,为心灵轻松而宁愿远离。"说一说你对这句话的理解。

追求利益并不是最终目的

◆[日]松下幸之助

追求利益并不是做生意的最终目的。开阔视野,摒除铜臭,以诚待人,努力工作,这是做生意的不二法门。

每一个生意人都想赚钱,这是天经地义的事。可是,满脑子都是生意经,这只是一般人的想法。

很久以前,我曾接到一封从北海道的札幌市寄来的信件,内容大致如下:"我是一位眼镜商人,前几天,在杂志上看到了您的照片。因为您所佩戴的眼镜不大适合脸形,希望我能为您服务,替您装配一副好眼镜。"

我认为这位特地从北海道写信给我的人,必定是位非常热心的商人,于是便寄了一张谢函给他。后来我将这件事情忘得一干二净。由于应邀到札幌市演讲,不久我终于有机会一游北海道。在我演讲完毕之后,那位寄信给我的眼镜商人立刻要求与我见面。他的年纪在60岁左右。当时,他对我说:"您的眼镜跟那时候的差不多,请让我替您另配一副吧。"我听了着实吃了一惊。

我被他的热诚所感动,于是便说:"一切就拜托您了,我会戴上您所装配的眼镜。"

那天晚上,我在旅馆的大厅跟四五个人洽谈商务,那位商人再度来找我,并且不断地找话题与我聊天,大约花了一个钟头,才完成测量脸部的平衡、戴眼镜的舒适感以及检查现在所使用的眼镜度数,并且言明 16 天之后将眼镜送来。临别时,他对我说:"您所戴的眼镜好像是很久以前配的,说不定您现在的视力已经改变了。假若不麻烦的话,请您驾临本店一趟,只要花费 10 分钟的时间就可以了。"因为 10 分钟并不妨碍我的行程,于是我跟他约好在回大阪之前,去他的店铺拜访。翌日,临上飞机场之前,我来到了他的店铺。

当我走近一瞧时,真是吓我一大跳。那间店铺位于札幌市类似东京银座或是心斋桥的繁华街道上,站在店铺之前,宛如置身眼镜百货公司的感觉。当我被招待进入店内之后,店里大约有 30 位客人正看着大型电视机,耐心地等待着,这里一切的检验装置,都是世界上最精密的仪器,真是令我叹为观止。这的确是间不同凡响的眼镜行。

尤其让我佩服的是,那些只有在二三十年代才看得见的年轻店员的举止。当时店内大约有 30 位客人,可是,他们那种敏捷的动作,以及待人周到的礼仪,的确让人信服,那位老板如松鼠般在店内四处穿梭不停。

不错,这的确是做生意必须具备的作风,我的内心不禁对他钦佩万分,于是走近他的身边说:"您的事业这么繁忙,竟然在看到杂志之后,马上写信给我。我认为您的用意不只是为了做生意,到底有什么原因呢?"

老板笑着对我说:"因为您经常出国,假若戴着那副眼镜出国,外国人会误以为日本没有好的眼镜行。为了避免日本受到这种低估,所以我才写信给您。"

听了这番话后,我对他的铜臭一扫而光,更开阔了视野及思考能力,直觉地认为他是世界一流的眼镜商。就这么回去,似乎说不过去,于是我将一架新型的手提收音机留下来当礼物。相隔 10 年才有北海道之行,却定制了三四年未曾变型的眼镜,而且怀着不得不馈赠礼物的心理,这种巧妙地突破常理的生意手腕,你认为如何呢?

很明显,我非常钦佩那位商人的坚定信念,并且感谢他教导我这招做生意的秘诀。我已被他那种处处为他人着想的观念和热诚所折服。当我也持有这种想法时,觉得自己仿佛年轻了 10 岁一样。

追求利益并不是做生意的最终目的。开阔视野,摒除铜臭,以诚待人,努力工作,这是做生意的不二法门。

心灵体验

追求利益是生意场上绝大多数，甚或全部商人的最终目的。但文中的眼镜商就不以赚钱为最终目的。为了"我"这副眼镜，老板对"我"做了大量的工作，确实让"我"感动。尤其是"因为您经常出国，假若戴着那副眼镜出国，外国人会误以为日本没有好的眼镜行。为了避免日本受到这种低估，所以我才写信给您。"这一席话让"我"大开眼界，"我"被他的生意场上的高瞻远瞩所感动。他千辛万苦为"我"换眼镜，并不是追求利益。他的风范让人敬佩，这种热诚让人感动。

放飞思维

1.眼镜商要"我"换眼镜的原因是什么？

2.当"我"来到眼镜店，看到了什么？"我"为什么会产生佩服之感？

3."我"为什么会直觉认为眼镜商老板是世界上一流的眼镜商？

美：人生的真谛

◆解思忠

美的人生，是充分感受美、倾心鉴赏美和努力创造美的人生。一个人、一个民族对美的态度，足以反映出其文明程度和整体素质。

人是生活在感受之中；而美，无疑是感受的最终目的——从这个意义上讲，美是人生的最高境界，即人生的真谛。

人们追求的真、善、美，一字以蔽之，也是个美字。因为，美包含着真与善——真乃科学之美，善乃道德之美；美，又是真与善的统一与升华，它超脱了自然规律和道德法则的强制，达到人与自然、人与人，以及自我身心的高度和谐。

只有锲而不舍地去追求美，才有可能不断提高对美的感受力、鉴赏力和创造力，即审美素质；才会保持对生活的希望和信心。也只有不断地去提高审美素质，才能感受美，鉴赏美，为自己和他人创造美。

美的人生，是充分感受美、倾心鉴赏美和努力创造美的人生。一个人、一个民族对美的态度，足以反映出其文明程度和整体素质。

我最近去了一次意大利，下飞机后先到威尼斯，发现这座城市的楼房虽然大都是老式建筑，门窗破旧黯淡，外墙斑驳风化，但多数住户的窗户外面都整齐地摆放着一排鲜花；沿河的街道旁边，也都在花池里栽种着一簇簇的鲜花。以后每到一处，我发现也都是这样——虽然建筑物古旧，但在鲜花的点缀下显得生机盎然。窗外的鲜花能折射出室内主人的心境；一个冷漠、颓废的人，是不会在窗口精心莳养鲜花的。如果一个民族对美缺乏追求，也不会在他们栖居的地方到处栽种鲜花。

美的人生，并非是诸事圆满、没有缺陷的一生；况且，这样的人生是没有的。

我们所生活的世界，本来就是一个充满缺陷的世界；我们所拥有的人生，本来就是一个充满缺陷的人生。正是生活中的缺陷，才构成了理想中圆满的希望，才产生了人生旅途中追求的兴味。面对种种的缺陷，我们不应去怨天尤人，无所作为，而应去着力弥补它；这个弥补的过程，也是感受美、鉴赏美和创造美的过程。从这个意义上讲，美的人生，就是愚公移山的一生，就是精卫填海的一生，就是女娲补天的一生！

"美"，完全是"人"的创造。没有"人"，就没有"美"。

"人"既具有自然性又具有非自然性——"人"是动物，是自然界的组成部分，但是"人"有着"精神创造"而根本地区别于动物。

"美"这种精神运动，每个人都在自觉或不自觉地进行着。什么样的事物"美"呢？各人有各人的看法。而本文的作者认为美是人生的真谛。

1."人们追求的真、善、美，一字以蔽之，也是个美字。"你同意这种观点吗？

2.你怎样理解"我们所生活的世界，本来就是一个充满缺陷的世界；我们所拥有的人生，本来就是一个充满缺陷的人生"这句话？

3.文中认为"精卫填海"式的人生是"美"的人生，你怎么看？

不以得为喜,不以失为忧

◆佚 名

> 生活中有多少人,因为得到一点儿东西,就兴
> 奋不已;又因为失去一点儿东西就捶胸顿足。

比尔曾经是个患得患失的人,他很容易被不良情绪感染。直到有一天,他遇见了一个人。就是那个萍水相逢的人,彻彻底底地改变了比尔对生命意义的理解。

那个时候,比尔在纽约经营了一家杂货铺,由于经营不善,不仅花掉了他的所有积蓄,还让他负债累累。举步维艰的状况让比尔恨不得自杀。一天,比尔在一家商店门前发现了一则招聘广告,他兴奋不已,赶紧凑上前去看个究竟。不看还好,一看不免灰心丧气。因为广告中提出的要求,自己一条也不符合,看来自己和这个工作无缘了。

正在他惆怅不已的时候,他看到了街道的尽头走来了一个人,严格地讲,这个人是"滑"着来的。他没有双腿也没有手,坐在一个装有滑轮的小木板上,完全靠光秃秃的双臂夹住一个支棍滑行的。他滑行到人行横道时,慢慢夹起小木板,试图穿过马路。

就在此时,他注意到了比尔的目光。这个残疾人没有像大多数残疾人一样,低下头继续"走路"。只见这个残疾人不卑不亢,坦然一笑,很自然地和比尔打着招呼:"早安,先生! 今天的天气真不错!"

比尔被这个矮小的残疾人深深地震撼了。这位缺了双腿双手的人仍能如此快乐,自己作为一个四肢健全的人,还有什么好自怨自艾的呢? 与他相比,自己有手有脚能行走,是多么富有啊!

故事中的残疾人,在艰难的行路中,还不忘与人打招呼,足见其礼貌;无手无脚,还敢和健全人对话,足见其勇气和自尊;木板托起的滑行生活中,仍能注意到好天气,足见其乐观。

是啊,与故事中的残疾人相比,我们这些健全人都应该是有福而富有的。但是有多少人会由衷地体会到上苍赐给我们的幸福呢? 正因为我们从来就没有真正失去过,所以我们都不曾真正体会自己现在所拥有的一切。

生活中有多少人,因为得到一点儿东西,就兴奋不已;又因为失去一点儿东西,就捶胸顿足。患得患失本身就是一种不健康的心理。这是只顾眼前,不顾将来发展的典型表现。

在我们的生活中,大约有 90% 的事情都是好的,但是也会有 10% 的事情是不好的。如果你想过得快乐,活得轻松,就应该把精力放在这 90% 的好事上面;如果你想担忧、操劳,或是得抑郁症,那么就把精力放在那 10% 的坏事情上面。

遭遇挫折和困境是人生的必经之路,回避挫折只是暂时的解脱,只有面对,才能使自己走向成熟。

有一个人,没有左手,但是在人群中,他仍然侃侃而谈,是众人的焦点。在工作中,他仍然争先恐后,是最出类拔萃的骨干。缺失的左手似乎没有改变他的正常而又快乐的生活。有人不相信他的平静,便向他发问:"你难道从来没有意识到自己没有左手了吗?"

他回答再简单不过了:"这有什么关系呢,我只有在纫针的时候,才会注意到这一点。"

不错,生活在压力无处不在的我们,真的没有必要把挫折人为地扩大化。既然挫折和困难不可避免,我们不如以一颗平常心去面对它,一如面对顺境和成功。不以得为喜,不以失为忧,是一种非常好的心态。这种心态的优势在于让人可以专注于自己的事情。只有保持这种心态,我们才能冷静而理性地处理各种各样的问题。

生命中只有两个目标:其一是追求你所要的,其二是享受你所追求的。只有最聪明的人,才可以达到第二个目标,才能在得失的心态上找到真正的平衡点,才能没有挫败感。

拨开眼前的云雾,卸去心灵的枷锁,从平平凡凡的生活中,体会一种轻松如风,畅快淋漓的感动,体味每一种云开雾散的豁然开朗,笑对生活。

1. 生活中你一定也遭遇到挫折和困境,你是怎样面对的呢?读了本文后,你会怎样处理呢?

2. 面对文中与比尔打招呼的残疾人的一系列动作,你有怎样的感受?

你必有一样拿得出手

◆梦 夕

> 你不能什么都不会！你必须得会一样，你要竭
> 尽全力把它做到极限。这样，你就会永远 OK 了！

我的一位商界朋友，45 岁的时候，移居去了美国。

大凡去美国的人，都想早一点拿到绿卡。他到美国后 3 个月，就去移民局申请绿卡。一位比他先到美国的朋友好心地提醒他："你要有耐心等。我申请都快一年了，还没有批下来。"

他笑笑说："不需要那么久，3 个月就可以了。"

朋友用疑惑的目光看着他，以为他在开玩笑。

3 个月后，他去移民局，果然获得批准，填表盖章，很快，邮差给他送去绿卡。

他的朋友知道后，十分不解："你年龄比我大，钱没有我多，申请比我晚，凭什么比我先拿绿卡？"他微微一笑，说："因为钱。"

"你来美国带了多少钱？"

"10 万美元。"

"可是我带了 100 万美元，为什么不给我批反而给你批呢？"

"我的 10 万美元，在我到美国的 3 个月内，一部分用于消费，一部分用于投资，一直在使用和流动。这个，在我交给移民局的税单上已经显示出来了。而你的 100 万美元，一直放在银行里，没有消费变化，所以他们不批准你的申请。"

原来如此。

美国是一个十分注重效率和功利的国家，你要对美国的社会经济发展有益，美国才会接纳你。在美国拿绿卡，只有两种人可以：一种是来美国投资或消费；还有一种人，就是有技术专长。

这位商界朋友前不久回国，给我讲了一个他在美国移民局亲眼看见的事，使我更深刻地理解了美国。

他在美国移民局申请绿卡的时候，曾经遇到过一位中年妇女，从她被晒成古铜色的皮肤看，可以断定是一位户外工作者。出于好奇，他上前和她搭话，一问才知，她来自中国北方农村，因为女儿在美国，才申请来美。她只读完小学，汉语都表达不好。

可就是这样一位英语只会说"你好""再见"的中国农村妇女，也在申请绿卡。

她申报的理由是有"技术专长"。移民官看了她的申请表,问她:"你会什么?"她回答说:"我会剪纸画。"说着,她从包里拿出一把剪刀,轻巧地在一张彩色亮纸上飞舞,不到 3 分钟,就剪出一群栩栩如生的各种动物图案。

美国移民官瞪大眼睛,像看变戏法似的看着这些美丽的剪纸画,竖起手指,连声赞叹。这时,她从包里拿出一张报纸,说:"这是中国《农民日报》刊登的我的剪纸画。"

美国移民官员一边看,一边连连点头,说:"OK。"

她就这么 OK 了。旁边和她一起申请而被拒绝的人又羡慕又嫉妒。

这就是美国。你可以不会管理,你可以不懂金融,你可以不会电脑,甚至,你可以不会英语。但是,你不能什么都不会! 你必须得会一样,你要竭尽全力把它做到极限。这样,你就会永远 OK 了!

人生路上,你不必过于在乎是否有太多的特长,只需有那么一个是出色的,哪怕这东西是极不起眼的,那么,你的人生路上也不会是一片空白。

1.为什么一位皮肤被晒成古铜色的、只读完小学的农村中年妇女,会在美国拿到令人向往的绿卡呢?

2.读完此文,你会有什么样的收获?

有几分傻气又何妨

◆[美]朱迪思·维奥特

> 我们不妨记住,决定不去冒出丑之险,最后可能会懊悔。

我们来为不怕出丑、敢于尝试的人欢呼鼓掌。

我在想我的朋友南施。她穿着她儿子的少棒队上衣,戴着棒球帽,出汗的手握着球棒,站在木垒上。第一球投来,她挥棒太早,第二球投来,她挥棒太迟,第三球投来,她三振出局——球季的每一场比赛她都如此。

南施打的是垒球,因为她做事的机构有个垒球队,尽管她的体育素质极差,她却应同事之坚请，同意参加球队。她发现，原来丢丑也有好处。

南施说，她的同事都喜爱她敢于尝试，"并不因为我打得糟而瞧不起我。"她说，同事们都发誓，只要她的球棒能够真正接触到球，他们便选她做"全年进步最快的球员"。她又说，做点儿她完全不擅长的事会令她觉得非常好玩。

我喜欢像南施这种愿意说"那有什么关系"的人。他们想做什么就做什么，不怕被人笑话。

他们就是那种虽然反手正手都不高明，可是仍然上场打网球的人。

也是那种天生两只左脚而仍然下池跳舞的人。

也是那种不能屈膝或把滑雪板靠拢些而仍然去滑雪的人。

就拿艾美莉来说吧，她的法语糟透了，却参加了廉价十日游飞往法国。虽然有人告诫过她，说巴黎人瞧不起法语说得不流利的人，但她却偏要在博物馆、在咖啡馆、在香舍丽榭大道，到处跟人说话。人们耸肩笑她，但她毫不在乎。信不信由你，甚至在她满口说的是法语，而那个法国人却不客气地问她会不会说法国话时，她也一点都不在乎。

丢脸吗？艾美莉并不觉得。

因为艾美莉发现很多法国人对她的法语耸过肩膀后，便很友善地和她交谈，欣赏她那股子兴高采烈的劲儿，佩服她的机灵活泼，赞许她的努力精神。因此我们应一同对艾美莉以及所有那些有时敢于出丑的人欢呼三声。

这些人包括愿意学些新东西——艺术的、实用的、运动的、知识性的新东西的人。我最爱举的例子就是我的朋友爱丽森，有一个时期，她的外号是"自讨苦吃的傻子"。

爱丽森以前是个不喜欢出门野游的人，她嫁了个比他更室内型的丈夫保罗。后来，她觉得应该让子女(和她自己)对大自然多学些基本知识，于是在三十几岁时带着7岁和9岁的孩子去见识大自然。

保罗认为她这么做简直疯了。每次她们出门时，他总是在门口挥手送别，矢言如果她们逾时未归，他便请森林管理员去搜寻。虽然爱丽森母子每次都回来了，但却总有遭遇虫咬、帐篷破漏及其他户外灾难的事情。

后来，经过许多次的试验和吸取教训，爱丽森终于成为老练的露营人。她愿意做个"自讨苦吃的傻子"来丰富她的生活，丰富孩子们的生活，甚至还可能丰富了她丈夫的生活。因为他最近在胸口画十字答应改日也去露营一次——但希望不是去送命。

有些人不像爱丽森和保罗。他们永远拒绝学任何新的技能，因为他们不喜欢做一个初学者。他们宁愿缩小选择范围，限制自己的乐趣，生活于狭窄的天地，也不要出片刻的洋相，做一时的傻瓜。若干年前，我选修了某些心理学课程。班上的同学都是男生，而且都是医生。我虽然对所学的东西有满肚子的意见和问题，可是我总等到下课以后，才偷偷摸摸地把那些话向着老师耳语。

我怕当着那些学问渊博的同学的面发言，那会泄露我那可怜的底细。我实在怕自己出丑。

幸亏有个同学救了我，他劝我参与班上的讨论。我开始发言，发现自己学到的东西比以前多了。也许同样重要的是，我发现我也自有见地。

我终于认清，我们想从现在的境地转到新境地，便必须冒出丑露拙之险。

我们不妨记住，决定不去冒出丑之险，最后可能会懊悔。我们也不妨记住这句法国名言："一个生平不干傻事的人，并不像他自信得那么聪明。"

傻气实际是敢于尝试的勇气，是敢于创新的勇气。

任何人也无须对未知领域存有恐惧心理，也不需担心在众人面前出丑是多么丢脸的事。乔丹的第一次扣篮或许扣在了篮圈上，马拉多纳的第一次射门或许连门柱都没有碰到，伏明霞的第一次跳水或许比石块入水好看不了多少。可是，你看他们现在的成就！既然如此，为何不让我们去大胆尝试去做自己从来没有做过但又很感兴趣的事呢？

1.试举出名人中有像艾美莉这样有傻气的人的故事。

2.读了本文，以后的生活中你是否也会尝试着去做几件冒傻气的事呢？

永远都要坐前排

◆ 王东风

> 其实，不光是在对孩子的教育上，推而广之，在学习上、工作上、事业上，甚至在家庭生活这一些小事情上它也是"放之四海而皆准"的道理。

20世纪30年代，在英国一个不出名的小城镇里，有一个叫玛格丽特的小姑娘，自小就受了严格的家庭教育。父亲经常向她灌输这样的观点："无论做什么事情都要力争一流，永远做在别人前头，而不能落后于人。即使是坐公共汽车时，你也要永远坐在前排。"父亲从来不允许她说"我不能"或者"太困难了"之类的话。对年幼的孩子来说，他的要求可能太高了，但他的教育在以后的年代里证明是非常宝贵的。正是因为从小就受到父亲的"残酷"教育，才培养了玛格丽特积极向上的决心和信心。在以后的无论是学习、生活或工作中，她时时牢记父亲的教导，总是抱着一往无前的精神和必胜的信念，尽自己最大努力克服一切困难，做好每一件事情，事事必争一流，以自己的行动实践着"永远坐在前排"。有一个例子就是，玛格丽特在上大学时，入学考试科目中要求学5年的拉丁文课程，她凭着自己顽强的毅力和拼搏精神，硬是在一个学期内全部学完了，并且令人难以置信的是，她的考试成绩竟然名列前茅。其实，玛格丽特不光是学业上出类拔萃，她在体育、唱歌、演讲及学校的其他活动方面也都一直走在前列，是学生中的佼佼者之一。当年她所在学校的校长评价她说："她无疑是我们建校以来最优秀的学生，她总是雄心勃勃，每件事情都做得很出色。"正因为如此，40多年以后，英国乃至整个欧洲政坛上才出现一颗耀眼的明星，她就是连续四届当选保守党领袖，并于1979年成为英国第一位女首相，雄踞政坛长达11年之久，被世界政坛誉为"铁娘子"的玛格丽特·撒切尔夫人。

"永远都坐前排"是一种积极的人生态度，它可以激励你为实现自己的人生目标而不懈努力，激发你一往无前的勇气和争创一流的精神。在这个世界上，想坐前排的人并不少，而真正能够坐在"前排"的却总是不多。许多人之所以不能坐到"前排"，就是因为他们把"坐在前排"仅仅当做了一种人生理想，而没有采取具体行动。那些最终坐到"前排"的人，之所以成功，是因为他们不但有理想，更重要的是把理想变成了行动。一位哲人说过：无论做什么事情，你的态度决定你的高度。撒切尔夫人的父亲对孩子的教育给了我们深刻的启示。其实，不光是在对孩子的教育上,推而广之,在学习上、工作上、事业上,甚至在家庭生活这一些小事情上它也是"放之四海而皆准"的道理。

要想成功,你就必须要求自己力争"永远坐在前排"。不可能人人都坐在前排,便是如果你想坐在前排,并且努力地把这种愿望化作行动,那么你的人生就是另一番景象了,特别是对那些尚在努力拼搏的年轻人来说,"永远坐前排"无疑更具有积极的意义。

"永远坐在前排"就是一种竞争意识,它可以激励你为实现自己的人生目标而不懈努力,激发你一往无前的勇气和争创一流的精神。只有竞争,才能使个人发展、社会进步有了真正动力;只有竞争,才能增加人的危机感与挑战意识;只有竞争,才能使人具备顽强的斗志和良好的心理素质。

1. 如何理解"永远都要坐前排"中"前排"的意义?
2. 你从玛格丽特·撒切尔夫人的身上学到怎样的精神。

一句话一辈子

◆陆勇强

如果按现在有些人的观点来看,这样的学徒
成不了大器,他缺乏商人应有的灵活和世故。

多年前,一个15岁的男孩来到杭州胡庆余堂做学徒。在去胡庆余堂的路上,他的小脚老祖母颤巍巍地送他,一路上只对他说了一句话:"老老实实做人,规规矩矩做事。"男孩记住了这句话。

当学徒很苦,每天要干十几个小时的活儿。清晨四五点钟就得起床,打扫屋里屋外的卫生,擦拭摆放在柜台上的器具,然后又要服侍师傅起床,帮他倒洗脸水。

但是得到的报酬却很低,除了混饱自己的肚皮外就所剩无几了。

有天凌晨,男孩在打扫卫生时发现地上躺着几枚钱币,面值大约相当于现在的5元钱。他很需要钱,在身边没人的情况下,他完全有条件把钱占为己有,但他没有这样做；他把钱捡起来，天明的时候交给了师傅。这样的事后来发生过多次，每次师傅见他来交钱总是不置可否。

在外人看来，他是一个笨小孩，做事一板一眼，不懂得变通。而且，有些学徒变着法子偷懒，他却不会。

治咳嗽有一味药叫鲜竹沥，需要用火烤毛竹蒸出的水分。这是一件细致活，几两鲜竹沥往往要在火堆旁蹲上个把时辰。男孩就老老实实地烤，一点一滴收集，从来没想过往鲜竹沥中掺点水。

如果按现在有些人的观点来看，这样的学徒成不了大器，他缺乏商人应有的灵活和世故。

但他现在的身份是杭州某著名药厂的老总，他创出的名牌已热销了20多年。他靠的不是灵活，而是诚信和戒欺。

在接受记者采访时，他多次提到他的小脚祖母。他说当学徒那阵清早捡到的钱币，都是师傅故意放在地上的，他知道原委已是多年以后。如果当时他把钱币放到自己的口袋中，他的人生肯定会是另外的样子。

都说人生的关键只有几步，其实，人生最关键的话也只有几句。

"老老实实做人，规规矩矩做事。"这最朴实的祖训，改变了小男孩的一生。正是这个不懂变通的人，拥有了今日的辉煌。一句话一辈子，一句话写就不一样的人生。

1.是怎样的原因促成小男孩不会把钱币装进自己的口袋，也从没想过往鲜竹沥中掺水？

2.你的一生中是否也有最关键的几句话，说给你身边的同学或朋友。

泥 泞 留 痕

◆李雪峰

在泥泞里行走,生命才会留下深刻的印痕。

鉴真和尚刚刚剃度空门时,寺里的住持见他天资聪慧又勤奋好学,心里对他十分赞许,但却让他做了寺里谁都不愿做的行脚僧。每天风里来雨里去,吃苦受累不说,化缘时还常常吃白眼,遭人讥讽挖苦,鉴真对此愤愤不平。

有一天,日已三竿了,鉴真依旧大睡不起。住持很奇怪,推开鉴真的房门,见鉴真依旧不醒,床前堆了一大堆破破烂烂的芒鞋。住持叫醒鉴真问:"你今天不外出化缘,堆这么一堆破芒鞋做什么?"

鉴真打了一个哈欠说:"别人一年一双芒鞋都穿不破,可我刚刚剃度一年多,就穿烂了这么多的鞋子,我是不是该为庙里节省些鞋子?"

住持一听就明白了,微微一笑说:"昨天夜里下了一场雨,你随我到寺前的路上走走看看吧。"

鉴真和住持信步走到了寺前的大路上,寺前是一座黄土坡,由于刚下过雨,路面泥泞不堪。

住持拍着鉴真的肩膀说:"你是愿意做一天和尚撞一天钟,还是想做一个能光大佛法的名僧?"

鉴真说:"我当然希望能光大佛法,做一代名僧。但我这样一个别人瞧不起的苦行僧,怎么去光大佛法?"

住持捻须一笑:"你昨天是否在这条路上行走过?"鉴真说:"当然。"

住持问:"你能找到自己的脚印吗?"

鉴真十分不解地说:"昨天这路又坦又硬,小僧哪能找到自己的脚印?"

住持又笑笑说:"今天我俩在这条路上走一遭,你能找到自己的脚印吗?"

鉴真说:"当然能了。"

住持听了,微笑着拍拍鉴真的肩说:"泥泞的路才能留下脚印,世上芸芸众生莫不如此啊。那些一生碌碌无为的人,不经风沐雨,没有起也没有伏,就像一双脚踩在又坦又硬的大路上,脚步抬起,什么也没有留下。而那些经风沐雨的人,他们在苦难中跋涉不停,就像一双脚行走在泥泞里。他们走远了,但脚印却印证着他们行走的价值。"

鉴真惭愧地低下头。从那以后,他年轻有力的脚印留在寺前的泥泞里,留在了弥漫着樱花醇香的扶桑泥土里。

在泥泞里行走,生命才会留下深刻的印痕。

脚印在又硬又平的路上是留不下痕迹的,只有"泥泞的路才能留下脚印"。鉴真,一代名师,就是这样走过了坎坷,走过了泥泞,走到了名师的台阶上。"泥泞"是多么形象的字眼,它象征着挫折、困苦、磨难与无奈,在历史上有多少志士仁人是在"泥泞"中走过来的,我们钦佩他们。

让我们在泥泞的路上大踏步地走吧!

1.你怎样理解"在泥泞里行走,生命才会留下深刻的印痕"这一句话?

2."泥泞"象征人生旅途中怎样的遭遇,你会怎样面对?

放大你的优点

◆ 文 摘

道理是再简单不过了——许多成功,都源于找到了自身的优点,并努力地将其放大,放大成超越自己和他人的明显优势……

一个穷困潦倒的青年,流浪到巴黎,期望父亲的朋友能帮自己找一份谋生的差事。

"数学精通吗?"父亲的朋友问他。

青年羞涩地摇头。

"历史、地理怎么样?"青年还是不好意思地摇头。"那法律呢?"

青年窘迫地垂下头。

"会计怎么样?"

父亲的朋友接连地发问,青年都只能摇头告诉对方——自己似乎一无所长,连丝毫的优点也找不出来。

"那你先把自己的住址写下来，我总得帮你找一份事做呀。"

青年羞愧地写下了自己的住址，急忙转身要走，却被父亲的朋友一把拉住了："年轻人，你的名字写得很漂亮嘛，这就是你的优点啊，你不该只满足找一份糊口的工作。"

把名字写好也算一个优点？青年在对方眼里看到了肯定的答案。

哦，我能把名字写得叫人称赞，那我就能把字写漂亮，能把字写漂亮，我就能把文章写得好看……受到鼓励的青年，一点点地放大着自己的优点，兴奋得他脚步立刻轻松起来。

数年后，青年果然写出享誉世界的经典作品。他就是家喻户晓的法国18世纪著名作家大仲马。

世间许多平凡之辈，都拥有一些诸如"能把名字写好"这类小小的优点，但由于自卑等原因常常被忽略了，更不要说是一点点地放大它了，这实在是人生的遗憾。须知：每个平淡无奇的生命中，都蕴藏着一座丰富金矿，只要肯挖掘，哪怕仅仅是微乎其微的一丝优点的暗示，沿着它也会挖出令自己都惊讶不已的宝藏……

道理是再简单不过了——许多成功，都源于找到了自身的优点，并努力地将其放大，放大成超越自己和他人的明显优势……

生活是一杯苦咖啡，香醇中掺杂着苦涩，对待人生"其苦"妙法之一，是不要把目标定得太高，要认识到愿望与现实总是有距离的，适可"而止"是一种理智。

有浪，但船没沉，何妨视作无浪；有陷阱，但人未失足，何妨视作坦途。

人生的诀窍就是经营自己的长处，这是因为经营的长处能给你的人生增值，经营自己的短处会使你的人生贬值。

1. "每个平淡无奇的生命中，都蕴藏着一座丰富金矿，只要肯挖掘，哪怕仅仅是微乎其微的一丝优点的暗示，沿着它也会挖出令自己惊讶不已的宝藏……"请用文字分析上面这段话。

2. 著名作家大仲马的这一遭遇给你怎样的启示？

103

人生岂能无压力

◆［俄］斯维特兰娜·哈布利茨卡娅

> 在非常紧急和恐怖的情况下，人有时能超越
> 自己的生理极限。

我们一生都试图摆脱压力，但终归是徒劳。科学家认为，人需要激情、紧张和压力。如果没有既甜蜜又痛苦的冒险滋味的"滋养"，人的机体就根本无法存在。对这些情感的体验有时就像药物和毒品一样让人"上瘾"。适度的压力可以激发人的免疫力，从而延长人的寿命。试验表明，如果将一个人关进隔离室内，即使让他感觉非常舒服，但没有任何情感的体验，他会很快发疯。

此外，适度的冒险可以增强新陈代谢能力，改善大脑营养，增强抵抗力，最主要的一点是使肌体摆脱沉重的压力。正因为如此，人们对恐怖影片、高山滑雪的酷爱有增无减，儿童在晚上常常要成人为他们讲述神话和恐怖故事。这是对付生活中真正悲剧的一种特殊"疫苗"。

一些心理学家认为，有一类人，危险对于他们具有很大的诱惑力。以色列科学家前不久的发现从另一方面证明了这一观点：在吸毒者、兴奋型比赛选手、酗酒者和赛车手体内存在不同形态的基因，这些基因能在大脑中产生一种多帕氧化酶，使人寻求新奇和刺激。

科学家后来还发现，寻求刺激与大脑中的另一种酶——酪胺氧化酶过低有关。这种酶直接影响到对快感的传递。当这种酶不足时，就产生了人为地将其提高到正常水平的愿望。

在非常紧急和恐怖的情况下，人有时能超越自己的生理极限。这种例子屡见不鲜。美国一个旅行者在乡间旅行时遇到了泥石流，情急之下，他的奔跑速度居然打破了世界纪录（他的朋友用摄像机对这一场面录了像）。一位英国冒险家在旅行途中遇到了地震，被埋在了混凝土中，他自己竟然将一块半吨重的混凝土移开。

有时，我们并不害怕确实对我们有害的东西。例如，科学家认为，X射线对人体有害，但人们并不惧怕。游泳（就从事这种运动死亡的人数来说）是最危险的运动之一，但大多数人仍乐此不疲。多数人认为，飞机是比汽车更危险的交通工具，尽管汽车事故每天使数千人丧生。

有些并不可怕的东西却使我们害怕，有些真正应当害怕的东西反而不使我们害怕。对此应当做何解释呢？科学对此的解释是：人有一种"接受冒险"的心理。有

时人的恐惧完全是心理的原因：人对没见过或不太了解的东西并不太害怕；在有选择的自由时，一个人的感觉更好。

心灵体验

压力是人的机体的滋养品。

压力在某种程度上也就成了动力。

压力是摆脱束缚、摆脱贫困、摆脱压榨的催化剂；

压力是一份负担，相对于自由而谈；

人不可无压力，也不可压力太重。没压力则没成功，压力太重则树弯桥垮。

放飞思维

1.为什么旅行者在遇到泥石流时，奔跑速度能破世界纪录，冒险家在遇到地震时，能移开半吨重的混凝土？

2.阅读本文，你得到怎样的启示？

关照别人，就是关照自己

◆潘 炫

> 每个人的心都是一个花圃，每个人的人生之旅就好比花圃前的小路。

美国黑人杰西克·库思是当时美国一家名不见经传的小报记者。因为种族歧视，在那家报社中他感到四面楚歌，受人排挤。与别人交往更成了他最头疼的事情。

那时，美国的石油大王哈默已蜚声世界，报社总编希望几位记者能采访到哈默，以提高报纸的声誉与卖点。

杰西克便在心底暗暗发誓，一定要独立完成稿子，以便让他们不敢轻视自己。

有一天深夜，杰西克终于在一家大酒店门口拦住哈默，并诚恳地希望哈默能回答他的几个简短问题。

对杰西克的软磨硬缠，哈默没有动怒，只是和颜悦色地说："改天吧，我有要事在身。"

最后迫于无奈,哈默同意只回答他一个问题。杰西克想了想,问了他一个最敏感的话题:"为什么前一阵子阁下对东欧国家的石油输出量减少了,而你最大的对手的石油输出量却略有增加。这似乎与阁下现在的石油大王身份不符。"

哈默依旧不愠不火,平静地回答道:"关照别人就是关照自己。而那些想在竞争中出人头地的人如果知道,关照别人需要的只是一点点的理解与大度,却能赢来意想不到的收获,那他一定会后悔不迭。关照,是一种最有力量的方式,也是一条最好的路。"

哈默离去后,杰西克怅然若失地呆站街头。他以为哈默只是故弄玄虚,敷衍自己。当然那次采访也没有收到预想的效果,他一直耿耿于怀,对哈默的那番不着边际的话更是迷惑不解。

直到 10 年后,他在有关哈默的报道中读到这样一段故事——在哈默成为石油大王之前,他曾一度是个不幸的逃难者。有一年冬天,年轻的哈默随一群同伴流亡到美国南加州一个名叫沃尔逊的小镇上,在那里,他认识了善良的镇长杰克逊。

可以说杰克逊对哈默的成功起了不可估量的作用。

那天,冬雨霏霏,镇长门前的花圃旁的小路便成了一片泥淖。于是行人就从花圃里穿过,弄得花圃里一片狼藉。哈默也替镇长痛惜,便不顾寒雨染身,一个人站在雨中看护花圃,让行人从泥淖中穿行。这时出去半天的镇长笑意盈盈地挑着一担炉渣铺在泥淖里。

结果,再也没人从花圃里穿过了,最后镇长意味深长地对哈默说:"你看,关照别人就是关照自己,有什么不好?"

从这个故事中,杰西克也终于领悟到,每个人的心都是一个花圃,每个人的人生之旅就好比花圃前的小路。而生活的天空又不尽是风和日丽,也有风霜雪雨。那些在雨路中前行的人们如果能有一条可以顺利通过的路,谁还愿意去践踏美丽的花圃,伤害善良的心灵呢?

从那以后,杰西克与报社其他同事坦诚相处。他知道,理解和大度最容易缩短两颗敌视的心之间的距离,而关照就是两颗心之间最美丽的桥梁。

同事们不再排挤他了,亲切地喊他"黑蛋"。而直到多年后,他卸下报社主编的重担,一人隐居乡间安享晚年的时候,围着他蹦蹦跳跳的不同肤色的孩子们也喊着他"黑蛋"。因为,他的邻居们真的已记不得他叫什么名字了。

心灵体验　　关照别人就是关照自己。多么简单又深刻的道理。说其简单是因为人人都可以想得到;说其深刻,是因为很多人都难以做到。

哈默做到了,所以他成为蜚声世界的石油大王,杰西克做到了,所以他幸福地度过一生。敬人者,人恒敬之,只有自己先献出爱心,才有希望得到别人的关怀。

1.面对杰西克的"软磨硬缠",哈默说"有要事在身"却还是"没有动怒,只是和颜悦色",由此可见,哈默是一个怎样的人?

2.概括文中"对哈默的成功起了不可估量的作用"的一件事。

3.杰西克由一个"名不见经传的小报记者"成为"报社主编"。请你从处世的角度,为杰西克总结成功的经验。

人 生 一 课

◆[美]肯特·纳尔本

> 每一次与人相遇都是一次冒险,每一个人都是人生中的一课。

克雷格望着教授的身影:"也许是你弄错了。也许是你先不理他的——你这么做是因为你害怕。他很有可能认为你不喜欢他,因此才对你不友好。人嘛,都是这样,谁喜欢他,他就喜欢谁。如果你对他表现出兴趣,他也会对你感兴趣的。去和他说说话吧。"

克雷格真是一语中的。于是,我犹豫不决地向停车场走去。我热情地和教授打招呼,问他暑假过得如何。他看着我,惊讶万分。我们边走边聊。我可以想象得到,克雷格正从窗户看着我们开怀大笑呢。

其实,克雷格告诉我的只是一个简单的道理,和大多数年轻人一样,我十分不自信,每次和别人见面我都担心别人会怎么评价我;而实际上,在那种场合,别人也在担心我会怎样评价他们。然而,从那个秋日开始,我从人们眼中看到的不再是对我的评价,而是交流的需要——我们需要和别人分享他们的故事;我也因此结识了一群原先我绝对无法认识的人。

例如,有一次,在一列横穿加拿大的火车上,我和一个男子攀谈起来。除我之外,所有的人都躲避着他,因为他说起话来像喝醉酒似的含混不清。原来,他患过

107

中风,现在正在恢复中。他是我们乘坐的这条铁路线上的一名工程师。那天,他和我一直聊到深夜。他告诉我每一英里(约为1.609千米)铁轨下面的历史;他给我讲述大杰克——一位能举起500磅钢轨的铺路工的传说;他还告诉我,一位名叫麦克唐纳的列车员养了一只兔子当旅伴。

当早晨的阳光染红地平线的时候,他抓着我的手,直视着我的眼睛,说:"谢谢你听我说话。你知道吗?很多人都不愿听我说话呢!"实际上,他根本不必谢我,我已经从他的故事中得到了足够的乐趣。

还有一次,在加利福尼亚州的奥克兰市,一家人拦住我向我打听方向。原来他们是来自澳大利亚西北部偏僻海岸的旅行者,我问起他们回去后的生活。很快,我们在一起喝起了咖啡。为了让我高兴,他们还向我讲起了他们家附近的"背部有汽车发动机罩那么宽"的巨大咸水鳄鱼的故事。

每一次与人相遇都是一次冒险,每一个人都是人生中的一课。不管他们是穷是富,是有权有势还是孤苦伶仃,他们都和我一样充满着梦想和疑惑。只要我用耳朵去倾听,每个人都可以给我讲述一个与众不同的故事。

一位蓄着短短胡须的老年流浪汉告诉我,在经济大萧条时期,他对着池塘开枪,然后把震昏后浮上水面的鱼打捞上来,以此养家糊口;一位交通警察也向我吐露了一个秘密:他是通过观察斗牛士和交响乐团指挥的动作才学会打手势的。

然而,我们却常常让这样的机会从我们身旁溜走。一个其貌不扬的女孩,或是一个身着奇装异服的男孩——这些人都有故事想要倾诉,就像你有故事想向别人倾诉一样。他们和你一样,梦想着有人愿意倾听他们的故事。

克雷格知道的正是这一点。先爱别人,再提问题。你照在别人身上的光芒会不会以百倍的亮度反射回你的身上呢?试试看吧!

心灵体验

理解是温暖的阳光,交流是沟通的桥梁。交流是一种机遇,能使你更自信,自强,自足。"每个人都是人生中的一课,没有交流就失去了学习的机会。没有交流,世界将没有爱和阳光,更没有希望。"

"奇文共欣赏,疑义相与析",交流能使人们共同奔向文学的殿堂。交流能使我们理解他人的梦想。交流能使我们结识无法认识的人。

善于与别人交流,就是爱护别人,更是爱护自己。

1.你认为作者想要告诉我们什么？

2.怎样理解"每一次与人相遇都是一次冒险,每一个人都是人生中的一课。"

看轻自己是福

◆年 初

越是看轻自我,越易被人看重,越易展现自我。

年长的人总是忘不了给那些踌躇满志的年轻人忠告:在人生的路上,要多把自己看轻些。这忠告,也许包括几缕沧桑,更多的却是对生活的一种超越。面对这个世界,每个人或多或少都有些自诩的地方,然而也少不了一些无奈,如果肆意轻狂,得到的将是一事无成。而看轻自己才是种智慧,它并不是自卑,也不是怯懦,它是清醒中的一种苦心经营。为人处世,切忌盲目自信,先把自己置于一种不利位置,多设计一下前途中的诸种困难,找准突破口,就为成功打下了坚实的基础。

所以诗人鲁藜这样说:还是把自己当作泥土吧,老是把自己当作珍珠,就时时有被埋没的痛苦。如果在一个群体里,老把自己当作主角,别人不仅不会接受,反而会嘲笑你,现实会让你感到格格不入,一个自认为怀才不遇的人,往往看不到别人的优秀;一个沉湎于愤世嫉俗的人,往往看不到世界的精彩。只有把自己看轻些,才会不断否定自己,不断加强自身修炼;才会为别人的成功而欣喜,为自己的善解人意而自得;才会在各种挫折面前,心安理得。当你从困惑中走出来时,你会发现看轻自我是一种多么难得的境界:超凡脱俗,淡泊平和。

被称为美国人之父的富兰克林,年轻时曾去拜访一位前辈,年轻气盛的他,挺胸抬头迈着大步,进门撞在门框上,迎接他的前辈见此情景,笑笑说:"很痛吧!可是,这将是你今天来访的最大收获。一个人要想平安无事地活在世上,就必须时刻记住低头。"记住低头,就是要记住不论你的资质、能力如何,在社会而言,你无疑是渺小的,要在生活中保持姿态,把自己看轻些,把别人看重些,把奋斗的目标看重些。富兰克林从中领悟了深刻的道理,并把它列入一生的生活准则之中,促使他后来完成了一番伟业。那么,看轻自我,其实是一种力量的寻找,你的谦卑,为大家所折服,他们乐意在你旗帜下歌唱;你的柔弱,为大家所同情,他们愿意倾其所有,助你强盛。越是看轻自我,越易被人看重,越易展现自我。

看轻自我的人总是很知足,对获得成功珍惜有加。一个人富有了,仍然不忘看轻自我,他将不会自傲和奢侈;一个人身居高位,仍然看轻自我,他将不会专横和贪婪。看轻自我能够成就人的操守,闪烁着永恒的美丽。我的一个农家出身的同学,大学毕业10多年,就取得了惊人的成功,我问他有什么秘诀,他说每有所获,我都警醒自我,我很普通,很浅薄,很卑微。于是,如履薄冰的他,一天天积攒了自己,一天天变得更加光彩照人。

看轻自己是福。

把自己看轻些,这是年长者对年轻人的忠告,是一种难得的境界。看轻自己是一种智慧,是清醒中的一种苦心经营。只有把自己看轻些,你的谦卑才会为大家折服,你的柔弱才会为大家同情,你的成功才会更加珍惜有加。

看轻自己是福。

1.文中有许多观点,说说哪些是作者要表达的中心意思。

2.以"看轻自己,就能……"的句式,提取组合第二、三、四段分别表达的观点。

3.说说第三、四段中例子运用的目的与角度有何不同。

　　一蓬干草，只需要注入清水，就会开放成美丽的沙漠玫瑰。人生何尝不是如此，人生也需要时时注入清水，生命才会葱郁、灿烂、丰盈、有活力。这滴滴清水，串起生活的每个细节，滋润了昨天，饱满了今朝，一定会璀璨明日。

拍卖你的生涯

　　生命，是世界上最神奇的一种力量；而人生，就像是一趟长途旅行。它意味着新鲜的景物，新奇的遭遇，意外的收获，陌生的旅伴，不寻常的机缘……带着种种的偶然性和可能性。然而，没有比长途旅行更让人兴奋的，也没有比长途旅行更容易使人感到乏味的了。开始时，我们谁不是怀着莫名的期待和朦胧的喜悦踏上这趟名为"人生"的旅途的？我们相信，旅途会将我们带往那个美妙无比的地方，那里的景物远比沿途的优美得多。于是，我们不再关注途中的风景，我们开始忽略身边的一切。这也许是我们成长的一个标志。

雪白的栅栏

◆ 蒋成红

当你不喜欢的事情发生后,你面临两个选择:
要么痛苦愤懑,要么振奋前进。

当我的丈夫杰瑞因脑瘤去世后,我变得异常愤怒,生活太不公,我憎恨孤独。孀居三年,我的脸变得紧绷绷的。

一天我在小镇拥挤的路上开车,忽然发现一幢我喜欢的房子周围竖起一道新的栅栏。那房子已有100多年,颜色变白,有很大的门廊,过去一直隐藏在路后面。如今马路扩展,街口竖起了红绿灯,小镇已颇有些城市味,只是这座漂亮房子前的大院已被蚕食得所剩无几了。

可泥地总是打扫得干干净净,上面绽开着鲜艳的花朵。我注意到一个系着围裙、身材瘦小的女人,耙着枯叶,侍弄鲜花,修剪草坪。

每次我经过那房子,总要看看迅速竖立起来的栅栏。一位年老的木匠还搭建了一个玫瑰花阁架和一个凉亭,并漆成雪白色,与房子很相称。

一天我在路边停下车,长久地凝视着栅栏。木匠高超的手艺令我几乎流泪。我实在不忍离去,索性熄了火,走上前去,抚摸栅栏。它们还散发着油漆味。我看见那女人正试图开动一台割草机。

"喂!"我喊道,一边挥着手。

"嘿,亲爱的!"她站起身,在围裙上擦了擦手。

"我在看你的栅栏。真是太美了。"

她微笑道:"来门廊上坐一会儿吧,我告诉你栅栏的故事。"我们走上后门台阶,她打开拉门。我不由欣喜万分,我终于来到这美丽房子的门廊,喝着冰茶,周围是不同寻常又赏心悦目的栅栏。"这栅栏其实并不是为我设的。"那妇人直率地说道,"我独自一人生活,可有许多人到这里来,他们喜欢看到真正漂亮的东西,有些人见到这栅栏后便向我挥手,几个像你这样的人甚至走进来,坐在门廊上跟我聊天。"

"可面前这条路加宽后,这儿发生了那么多变化,你难道不介意?"

"变化是生活中的一部分,也是铸造个性的因素,亲爱的。当你不喜欢的事情发生后,你面临两个选择:要么痛苦愤懑,要么振奋前进。"当我起身离开时,她说:"任何时候都欢迎你来做客,请别把栅栏门关上,这样看上去很友善。"

我把门半掩住,然后启动车子。内心深处有种新的感受,我没法用语言表达,只是感到,在我那颗愤懑之心的四周,一道坚硬的围墙轰然倒塌,取而代之的是整洁雪白的栅栏。我也打算把自家的栅栏门开着,对任何准备走近我的人表示出友善和欢迎。

人生难免遭遇坎坷与不幸,但人不能因此而消极地活着。生活本身大多是美好的,人要多想一些美好的东西,多学会一份坚强,多一份人与人之间的沟通,只有这样,生活才能过得充实,过得乐观,过得有滋有味。

1.“我”的脸为什么整天绷得紧紧的?

2.这座漂亮房子前的大院为什么被蚕食得所剩无几了?

3.文章结尾说:“内心深处有种新的感受,我没法用语言表达,只是感到,在我那颗愤懑之心的四周,一道坚硬的围墙轰然倒塌,取而代之的是整洁雪白的栅栏”,这句话的含义是什么?

胡萝卜、鸡蛋和咖啡

◆[土耳其]谢布内姆蒂尔凯希

简而言之,你应该成为生活道路上的强者,让你自己和周围的一切变得更美好、更漂亮、更有意义。

一天,女儿满腹牢骚地向父亲抱怨起生活的艰难。

父亲是一位著名的厨师。他平静地听完女儿的抱怨后,微微一笑,把女儿带进了厨房。父亲往三只同样大小的锅里倒进了一样多的水,然后将一根大大的胡萝卜放进了第一只锅里,将一个鸡蛋放进了第二只锅里,又将一把咖啡豆放进了第三只锅里,最后他把三只锅放到火力一样大的三个炉子上烧。

女儿站在一边,疑惑地望着父亲,弄不清他的用意。

20分钟后,父亲关掉了火,让女儿拿来两个盘子和一个杯子。父亲将煮好的胡萝卜和鸡蛋分别放进了两个盘子里,然后将咖啡豆煮出的咖啡倒进了杯子。他指着盘子和杯子问女儿:"孩子,说说看,你见到了什么?"

女儿回答说:"还能有什么,当然是胡萝卜、鸡蛋和咖啡了。"

父亲说:"你不妨碰碰它们,看看有什么变化。"

女儿拿起一把叉子碰了碰胡萝卜,发现胡萝卜已经变得很软。她又拿起鸡蛋,感觉到了蛋壳的坚硬。她在桌子上把蛋壳敲破,仔细地用手摸了摸里面的蛋白。然后她又端起杯子,喝了一口里面的咖啡。做完这些以后,女儿开始回答父亲的问题:"这个盘子里是一根已经变得很软的胡萝卜;那个盘子里是一个壳很硬、蛋白也已经凝固了的鸡蛋;杯子里则是香味浓郁、口感很好的咖啡。"说完,她不解地问父亲,"亲爱的爸爸,您为什么要问我这么简单的问题?"

父亲严肃地看着女儿:"你看见的这三样东西是在一样大的锅里、一样多的水里、一样大的火上和用一样多的时间煮过的。可它们的反应却迥然不同。胡萝卜生的时候是硬的,煮完后却变得那么软,甚至都快烂了;生鸡蛋是那样的脆弱,蛋壳一碰就会碎,可是煮过后连蛋白都变硬了;咖啡豆没煮之前也是很硬的,虽然煮了一会儿就变软了,但它的香气和味道却溶进水里变成了可口的咖啡。"

父亲说完之后接着问女儿:"你像它们中的哪一个?"

现在,女儿更是有些摸不着头脑了,只是怔怔地看着父亲,不知如何回答。

父亲接着说:"我想问你的是,面对生活的煎熬,你是像胡萝卜那样变得软弱无力还是像鸡蛋那样变硬变强,抑或像一把咖啡豆,身受损而不堕其志,无论环境多么恶劣,都向四周散发出香气,用美好的感情感染周围所有的人?简而言之,你应该成为生活道路上的强者,让你自己和周围的一切变得更美好、更漂亮、更有意义。"

面对艰难,事物有不同的个性,有的变软,有的变硬,有的改变本性。

面对人生,我们选择由软变硬,生活就像历练,只能使你的性格越来越坚强,越来越坚忍。生活会有苦有甜,我喜欢"苦中有甜"、"先苦后甜"。生活会给你很多,最重要的是守住个性,守住坚强。

1.面对女儿对生活艰难的满腹牢骚和埋怨,父亲做了怎样明确回答?

2.面对胡萝卜、鸡蛋、咖啡豆,你会做怎样的选择?

3.从文中父亲对女儿机智的教育可看出,父亲是一个怎样的人?

墙

◆李元胜

> 大到一个城市与另一个城市之间，小到我们
> 的办公室和家庭，其实都有程度不同的看不见的
> 墙存在着。

记忆中最美好的墙就在我的出生地武胜县。那时，我们住在县委大院里，说是院子，其实是一个树木繁茂的小山丘。为了和四周的农村相区别，就栽了一种长刺的灌木把它团团围住。这一绿色的刺篱笆足足有一公里长，我能在其浓荫里活动的时候，它平均已有 2 米高，而且从不修剪，任其疯长。

这座充满诗意的墙对我有无穷的诱惑。它自己能开白花，果实形似缩小了若干倍的秤砣。我们在既没有刺梅，也没有桑葚朝嘴里塞的时候，也可把它摘下来嚼嚼。因为墙内是浓密的树林，墙外是食物丰富的田野，它悬挂野蜂窝的多刺的枝叶间，自然成了鸟类的天堂。白头翁往往在墙顶的树梢上作稳重的绅士状，多疑的大山雀一惊一乍地在树枝上来回穿梭，间或还有喜鹊在空地上找虫子。褐色的野画眉在浓荫中试歌，被农人赶走的一群群麻雀，则像到处碰壁气急败坏的旅行团，又是吵闹又是抱怨，很不情愿又争先恐后地钻进来。

虽然它是墙，其实只是象征性的，农村的孩子可以钻进来割草，我们也可以钻出去找条小溪钓鱼。所以在我读中学的时候，它就换成了古板的砖墙，再无研究的价值。

读历史时，我得知古代的城市四周都有墙，目的在于退敌，虽然不可能像上述的绿墙那样浪漫，还是让我心向往之。后来我在南京看到幸存的古城墙，非常震动，在心里猜测了好多年的东西一下子变得如此具体，可以把手放在上面去慢慢感觉。它的高大肯定使南犯的北方骑兵感到异常冷峻，而古京城人繁华而细腻的梦得以断断续续地做下去。当时同行有老者说，很多城市的旧城墙其实在几十年前才拆掉，这实在让人痛惜，不然，各个城市的人都会有一部关于自己祖先的石头砌成的活生生的古书可读。

出于实用的目的，浪漫的墙和沉重的墙都不复存在，还是出于实用的目的，各式各样的墙出现在我们的视野里。城市其实除了街道外，无非被墙们分割成了无数块碎片。我们各自守在某一块碎片里生活。我想，如果一个城市的全部墙加在一起统计一下，它们占用的地皮，消耗的材料和花费的劳动，都肯定各是一个庞大的

数字。但这又是城市人为了互相防范所必须付出的代价。英国农人说:好篱笆出好邻居。英国绅士则互相告诫说:保持距离。这同样可以作为我们中国城市的墙必须存在的最好注释。

事情就是这样矛盾,我们都愿意别人的墙换成一排令人清新的树,而又担心自己的墙不够高大。

我一向相信这样的一个观点,人所选择的环境,在一定程度上是他内心向外的投影。甘于住在森林中小木屋里的人,内心可能健康而野气;总想用藤蔓来遮住窗前的灰墙的人,多半是寂寞而优雅;把房间刻意布置得像宾馆的豪华客房的人,是否有点夸张而空虚?所以,有形形色色的看得见的墙,只不过说明了,在我们的心中,同样存在着形形色色的看不见的墙。

大到一个城市与另一个城市之间,小到我们的办公室和家庭,其实都有程度不同的看不见的墙存在着。我们不仅在冷冷的通告,近似公式的礼貌,甚至在握手的瞬间,在一闪即过的眼神中,都能体会到这些墙的高度和厚度。

要是许多墙能够拆除,我们肯定会增加一些快乐。

看得见的墙正是受人们心理意识的影响,假如人们坦诚相处,不互相戒备,我们的生活就增加了更多的自由和快乐。我们应该努力打破这种障碍,无论在工作中还是生活中,都能营造一个良好的氛围,轻松地工作,愉快地生活,这不正是我们所期盼的吗?

1.为什么篱笆墙换成砖墙后,"我"认为再无"研究价值"?

2.作者为什么认为拆墙和筑墙都是出于实用的目的?

3.怎么理解"我们都愿意别人的墙换成一排令人清新的树,而又担心自己的墙不够高大"?

4.作者认为真正的墙在我们的心里,如果能拆除,我们肯定会增加一些快乐,你怎么看?结合实际谈谈。

拍卖你的生涯

◆ 毕淑敏

> 我定睛一看，他倾囊而出购买回来的是——
> 一门精湛的技艺。

朋友参加过外籍老师组织的别开生面的讲座："拍卖你的生涯"。外籍老师发给每人一张纸，其上打印着数十行字。

1. 豪宅
2. 巨富
3. 一张取之不尽、用之不竭的信用卡
4. 美貌贤惠的妻子或英俊博学的丈夫
5. 一门精湛的技艺
6. 一个小岛
7. 一所宏大的图书馆
8. 和你的情人浪迹天涯
9. 一个勤劳忠诚的仆人
10. 三五个知心朋友
11. 一份价值50万美元并每年可获得25%纯利收入的股票
12. 名垂青史
13. 一张免费旅游世界的机票。
14. 和家人共度周末
15. 直言不讳的勇敢和百折不挠的真诚

全世界的美事和优良品质差不多都集中在此了。

老师说，我手里是一只旧锤子，但今天它有某种权威——暂时充当拍卖锤。我要拍卖的东西，就是在座诸位的生涯。

课堂顿起混乱。生涯？一个叫人生出沧桑和迷茫的词语。我们大致明白什么是生存，什么是生活，但很不清楚什么是生涯。我们只是一天天随波逐流地过着，也许70岁的时候，才恍然大悟，生涯已在朦胧中越来越细了。

老师说，一个人的生涯，就是你人生的追求和事业的发展，它可以掌握在你自己手中。生涯从属于你的价值观。通常当人们谈到生涯的时候,总觉得有太多的不可把握性,埋藏在未知中。其实它并非想象中那般神秘莫测。今天,我想通过这个游戏,让大家比较清晰地看到自己的爱好,预测自己的生涯。

大家听明白了,好奇地跃跃欲试。

我相信在每一个成人的内心深处,都潜伏着一个爱做游戏的天真孩童,成年以后的我们,远离游戏,以为那是幼稚可笑的玩闹。其实好的游戏,具有开蒙人的智慧,通达人的思维,启迪人的感悟,反省人的觉察的力量。当我们做游戏的时候,就更接近了真诚。

老师说,我现在象征性地发给每人 1000 块钱,代表你一生的时间和精力。我会把这张纸上所列的诸项境况,裁成片,一一举起,这就等于开始了拍卖。你可以用自己手中的积蓄,购买我的这些可能性。100 块钱起叫,欢迎竞价。当我连喊三次,无人再出高价的时候,锤子就会落下,这项生涯就属于你了。

这游戏的分量举轻若重,它把我们人生的繁杂目的,约分并形象化了——拼此一生,你到底要什么?

老师举起了第一项拍卖品——拥有一个小岛。起价 100 元。

全场寂静。一个小岛?它在哪里?南半球还是北半球?大西洋还是太平洋?面积若何?人口多少?有无石油和珊瑚礁?风光怎样?

老师一脸肃然,坚定地举着那个纸片,拒绝做更进一步的解说。

于是,我们明白了。小岛,就是小小的平平凡凡的一个无名岛。你愿不愿以一生作赌,去赢得这块海洋中的绿地?

终于,一个平日最爱探险、充满生命活力的女生,大声地喊出了第一个竞价——我出 200!

一个男生几乎是下意识地报出:500! 他的心思在那一瞬很简单,买下荒凉岛屿这样的事件,就该是男子汉干的勾当。

但那名个子不高但意志顽强的女生志在必得了。她涨红着脸,一下子喊出了……1000!

这是天价了。每个人只有 1000 块钱的贮备,也就是说,她已定下以毕生的精力,赢得这个小岛的决心。别的人,只有望洋兴叹了。

那个男生有些悻悻的,说,竞价应该一点点攀升,比如她要出 600,我可以喊 700……这样也可给别人一个机会。

老师淡然一笑说,我们只是象征性的拍卖,所以可能不合规矩。大家要记住,生涯也如战场,假如你已坚定地确认了自己的目标,就紧紧锁定它。机遇仿佛闪电中的翎毛。

大家明白了竞争的激烈,当时静中有了潜藏的紧迫和若隐若现的敌意。

拍卖的第二项是美貌贤惠的妻子和英俊博学的丈夫。

我原以为此项会导致激烈的竞拍,没想到一时门可罗雀。也许因为它太传统和古板,被其他更刺激的生涯吸引,大伙不愿在刚刚开场不久,就把自己的一生拴入伴侣的怀抱。好在和美的家庭,终对人有不衰的吸引力,在竞争不激烈的情形下,被一位性情温和的男子以700元买去。

拍到"取之不尽用之不竭的信用卡"时,引起空前激烈的争抢。聪明人已发现,所列的诸项,某些外延交叉涵盖,可互相替代。有同学小声嘀咕,有了信用卡,巨富不巨富的,也不吃紧了,想干什么,还不是探囊取物?于是信用卡成了最具弹性和热度的饽饽。一时群情激昂,最后被一奋勇女将,自重围中掳走。

其后的诸项拍卖,险象环生。有些简直可以说是个人价值取向甚至隐秘的大曝光。一位众人眼中极腼腆内向的男同学,取走了免费旅游世界的机票,让人刮目相看。一位正在离婚风波中的女子,选择了和情人浪迹天涯,于是有人暗中揣测,她是否已有了意中人?一位手脚麻利助人为乐的同学,居然选了勤快忠诚的仆人,让全体大跌眼镜。细一琢磨,推算可能他总当一个勤快人,已经厌烦,但又无力摆脱这约定俗成的形象,出于补偿的心理,干脆倾其所有,买下对另一个人的指挥吧。一旦咀嚼出这选择背后的韵味,旁观者就有些许酸涩。

一位爱喝酒的同仁,一锤定音买下了"三五个知心朋友",让我在想象中,立即狠狠捆了自己一掌。从前,我劝过他不要喝那么多的酒,他笑说,我喜欢和朋友在一起。我不死心,便再劝,他却一直不改。此番看了他的选择,我方晓得朋友在他的心秤上如此沉重。我决定——该闭嘴时就闭嘴。光顾了看别人的收成,差点儿耽误了自己地里的活计。同桌悄悄问,你到底打算买何生涯?

我说,没拿定主意啊。我想要那座图书馆。

同桌说,傻了不是?我看你不妨要那张价值50万美元且年年递增25%的股票,要知道这可是一只会下金蛋的火鸡。只要有了钱,什么图书馆置办不出来呢?你要把图书馆换成别的资产,就很困难了。如今信息时代,资料都储藏在光盘里,整个大英博物馆也不过是若干张碟的事。图书馆是落后的工业时代的遗物……

他话还没说完,老师举起了新的一张卡片。他见利忘友,立刻抛开我,大喊了一声:嗨!这个我要定了。1000!

我定睛一看,他倾囊而出购买回来的是——一门精湛的技艺。

我窃笑道,你这才是游牧时代的遗物呢,整个一小农经济。

他很认真地说,我总记着老爸的话,家有千金,不如薄技在身。

我暗笑,哈,人啊,真是环境的产物。

好了,不管他人瓦上霜的,还是扫自己门前的雪吧。同桌的话也不无道理。有了足够的钱,当然可以买下图书馆或任何光碟。但你没有这些钱之前,你就干瞪眼。钱在前?还是图书馆在前?两者的顺序有了原则的不同。我愿自己在两鬓油黑耳聪目明之时,就拥有一座窗明几净汗牛充栋庭院深深斗拱飞檐的图书馆。再说,光碟和图书馆哪能同日而语? 我不仅想看到那些古往今来的智慧头脑留下的珍珠,还喜欢那种静谧幽深的空间和气氛,让弥漫在阳光中的纸张味道鼓胀自己的肺……这些,用钱买来的新书和光碟,仿得出来吗?

正这样想着,老师举起了"图书馆",我也学同桌,破釜沉舟地大喊了一声:1000!

于是,宏大的图书馆就落到了我的手中。那一刻,虽明知是个模拟的游戏,心中还是扩散起喜悦的巨大涟漪。

拍卖一项项进行下去,场上气氛热烈。我没有参加过实战,不知真正的拍卖行是怎样的程序,但这一游戏对大家心灵的深层触动,是不言而喻的。

当老师说,游戏到此结束时,教室一下静得不可思议,好像刚才闹哄哄的一干人,都吞炭为哑或羽化成仙去了。

老师接着说,有人也许会在游戏之后,思索和检视自己,产生惊讶的发现和意料外的收获。有一个现象,不知大家发现没有,有三项生涯,当我开价100元之后,没有人应拍,也就是说不曾成交。这种卖不出去的物品,按规矩,是要拍卖行收回的,但我决定还是把它们留下。也许你们想想之后,还会把它们选作自己的生涯目标。

这三项是:

1.名垂青史;

2.和家人共度周末;

3.直言不讳的勇敢和百折不挠的真诚。

同学们大眼瞪小眼,刚才都只专注于购买各自的生涯,不曾注意被遗落冷淡的项目。听老师这样一说,就都默然。

我一一揣摩,在心中回答老师。

和家人共度周末。

不曾购买它以作自己的生涯,原因可能是多方面的。有人以为这是很平淡的事,不必把它定做目标。凡夫俗子们,估摸着自己就是不打算和家人共度周末,也没有什么地方可去。一件被迫的几乎命中注定的事,何必要选择? 还有的人,是一些不愿归巢的鸟,从心眼里不打算和家人共度周末。现今只有没本事的,才和家人共度周末。有本事的,是专要和外人度周末的。

青史留名?

可叹现代人(当然也包括我),对史的概念已如此脆弱。仿佛站在一个修鞋摊子旁边,只在乎立等可取,只在乎急功近利。当我们连清洁的水源和绵延的绿色,都不愿给子孙留下的时候,拥挤的大脑中,如何还存得下一块森严的石壁,以反射青史遥远的回声?

勇敢和真诚?

它固然是人类曾经自豪和骄傲的源泉,但如今怯懦和虚伪,更成了安身立命的通行证。预定了终生的勇敢和真诚,就把一把利刃悬在了颅顶,需要怎样的坚忍和稳定?!我们表面的不屑,是因为骨子里的不敢。我们没有承诺勇敢的勇气,我们没有面对真诚的真诚。

游戏结束了,不曾结束的是思考。

在弥漫着世俗气息的"我"之外,以一个"孩子"的视角,重新剖析自己的价值和生存质量,内心就有了激烈的碰撞和痛苦的反思。

在节奏纷繁的现代社会,我们天天忙得视丹成绿,很难得有这种省察自我的机会。这一瞬让我们返璞归真。

人生的重大决定,是由心规划的,像一道预先计算好的框架,等待着你的星座运行。如期待改变我们的命运,请首先改变心的轨迹。

如果生涯也可以拍卖的话,如果每个人拥有的权利和机遇都是平等的话,那么让我们各自竞拍属于自己的生涯吧!

每个人的人生追求和副业的发展,在你还来不及细想的时候,已悄悄在你的心灵深处扎根、发芽。只是你还未曾认真地思考它、发现它,还以为具有太多的隐藏性和不确定性。其实,它就在你的日常生活和学习中,就发生在你身边的点点滴滴的繁杂琐事中。留心生活、留意你的生存状态,你的生涯就掌握在你的手中。

1.如果你亲自参与竞拍的话,你将会做出怎样的选择呢?为什么?

2.能不能谈一谈你从本文中获得的最大启迪是什么?

3.你曾经为你的生活做过各种设想吗?试着写出来。

我的花朵，开放在阳光之外

◆杨嘉利

> 此后，写诗就成了我生活中不可或缺的内容，我在缪斯的世界里寻找着心灵的慰藉和生命的意义。

我永远忘不了 18 岁那年所经历的一幕：当我敲开成都一家报社编辑部的门时，几个年轻的女编辑竟被我的样子吓得跑了出去……

我常想，我这一生最大的不幸就在于我肢体严重残疾却有一个健全的大脑。

半岁时，一场高烧差点儿夺去了我的生命。医生曾好心地对母亲说："这孩子肯定终身残疾了，与其让他痛苦你们也痛苦，不如算了……"母亲明白医生的意思，可她还是哭着恳求："救救这个孩子吧，不管他残成什么样，我都会养他一辈子！"

我奇迹般地活了下来。但由于小脑神经受到损伤，我像医生说的一样成了残疾：双手不能自由伸屈；嘴斜了，失去了准确的发音；脚也跛了，走路一瘸一拐……四五岁前的我完全是在床上和父母的背上度过的。直到 6 岁，我才开始蹒跚学步。那时的白天，父母上班，两个姐姐上学，家里只有我一个人，门反锁着，我的世界只是一个不足 10 平方米的小屋，阳光离我很远……

到了上学的年龄，父亲带着我到学校报名。老师说："这孩子残疾比较严重，还是等他长大一些再来报名吧！"这以后，每一个学年，父亲都带我去报名，但没有一次报上。

我一直记得 12 岁那个 9 月，父亲又带我去学校。已经有些懂事的我哭着求老师："收下我吧，我会好好学的！"父亲也说："收下这孩子吧，他做梦都想读书啊！我和他妈妈每天可以按时接送他，他的两个姐姐可以照顾他上厕所，不会给学校添麻烦的。"看得出，老师被感动了，她用手轻轻擦去我的泪水，说："孩子，不要哭，我们收下你！"然后将我的名字填写在了新生入学登记表上。我终于要上学了！母亲高高兴兴地给我买了书包和文具。但到学校公布一年级新生的名单时，还是没有我。看见我伤心，母亲安慰我："小三，你是个和别的孩子不一样的人，你不可能像人家那样去生活……要是你真想读书，爸爸妈妈在家教你。"就从那天开始，我走上了自学之路……

父母都只有小学文化。每天晚上，他们轮流给我上课，一个教语文，一个教数学；两个姐姐也在做完功课后为我批改作业。我的右手不能拿笔，我就锻炼着用稍稍灵活一些的左手写字。也许是因为我的年龄大了，理解能力较强，小学六年的课程，我竟只用了一年多的时间就全部学完，然后又开始中学阶段的自学。父母没有能力再教我了，两个姐姐也相继升入高中，紧张的学习使她们再没有时间来辅导我。于是，我只好自己啃姐姐们用过的课本……

1986 年，我 16 岁了。春节前的一天，我到离家不远的新华书店买书。回家途中路过烈士陵园，我不由自主地走了进去。天空下着毛毛细雨，面对一座座无声的墓碑，我心中忽然生出一种空灵、肃穆的感觉，强烈地涌起了要表达自己的冲动。回到家，在一张废纸上，我写出了生平第一首"诗"。此后，写诗就成了我生活中不可或缺的内容，我在缪斯的世界里寻找着心灵的慰藉和生命的意义。

然而，写作也并不像想象的那样容易。对于我，最大的困难首先是写字。我每写一个字都十分吃力，写字的速度总跟不上自己的思维，那种感觉苦不堪言。我有个小纸箱，里面装满了退稿。这些稿件经过漫长的周游又回到了我手里成为纸，这对每写一个字都很困难的我是多么痛苦的事啊！许多时候，母亲不忍看我一次又一次失败，对我说："算了吧，我们再想别的办法。"可我不愿放弃，再难也一直坚持……

两年后，我的一首题为《回顾》的小诗终于在一家青年报上发表了！当样报寄来，看着自己的变成了铅字的诗作，我喜极而泣。

自从发表第一首诗后，我便一发而不可收，印有我名字的作品陆续在多家报刊上登出。1993 年，家里在经济条件并不宽裕的情况下，筹钱为我自费出版诗集《青春雨季》；1994 年，我的诗集获得了成都市"金芙蓉文学奖"；1996 年，我又被四川省作家协会吸收为会员。到今天，我已在全国 100 多家报刊发表了 300 多首诗和 150 万字……

今年我 30 岁，我知道，在以后的岁月，还会有更多的苦难和伤痛等着我，但我生命的花朵，既然从一开始就是在阳光之外开放，我已经没有什么可以畏惧！

心灵体验

人人都有一种不可思议的潜能，问题只在用怎样的方法把它动员起来。一挺胸，一咬牙，一转念头，潜能起来了，你便能排山倒海，使一切不可能的变为可能了。

其实每个人都想辉煌，只不过怕喷出的岩浆灼伤自己。选择进步，就选择受伤；选择飞跃，就选择跌倒。蚌历经痛苦后孕育出晶莹夺目的珍珠，人历经痛苦后就创造出惊人的成绩。心中有路，脚下才踏实。带着理想的拐杖，穿过痛苦的沼泽，才能找到光明的道路。

1.作者的经历,给你怎样的启示?
2."我"为什么说:"我生命的花朵,既然从一开始就是在阳光之外开放,我已经没有什么可以畏惧!"

挣扎的美丽

◆思 苇

鲁迅说,真正的勇士,敢于直面惨淡的人生。

这勇士便是在逆境中的挣扎者。

那是一个初冬的早晨,呼呼的北风将太阳的光芒吹得柔弱无力,法桐的落叶被来往的车辆碾压着飞卷着,有的已经零落成泥。寒意使匆匆赶路的人们萎缩着,情不自禁裹紧了大衣。我正将头缩进衣领里走着,忽然听到一个怯怯的声音,先生,要买画儿吗?一个中年男子出现在我的前侧,目光中含着祈求。仔细看时,一脸的胡子,像秋天的荒草,身上背着一个编织袋缝制成的大包裹,卷着被褥,这之上,是一个破旧的画夹。承担这一重负的是有些孱弱的躯体,说他孱弱,不但是因为他的苍白和瘦弱,还有就是他不得不依靠一根拐杖保持平衡,因为他的左腿不知丢失在了什么地方。

在小城的路上行走,你经常会遇到一双乞讨的手执拗地挡住你的去路,大有不达目的誓不罢休的意味,让你的同情心在一次次或甘心或不甘心的施舍后逐渐变得麻木。这位中年男子很显然没有把自己沦为乞讨为生的一列。我有些惊奇了。

我说好啊!这位男子于是很惊喜的样子,将背上的行李很艰难地放下来,用手提了一下裤子——我看到将裤子捆在身上的是一根尼龙绳。他坐在行李上,将拐杖放在一旁,把画夹支在那根健全的腿上,说,我为你画素描,一会儿就行。

果不其然,画一会儿就完成了,很简单的几笔,画儿上的人物大众化的面孔,找不出我的特征,我虽然不懂绘画的妙处,但这画儿实在不敢恭维。他要两块钱,我给了他五块,他执意不肯,说,老弟,我不是乞讨的。说完一笑,这笑声透过胡子,变成水汽,在空中手舞足蹈。

他又上路了,艰难地背起行李,架着拐杖,一蹦一跳地走进不断伸展的街道里,融入初冬的一片萧索之中。我呆呆地望着他的背影,一个词语忽然冒上我的心头:挣扎。

我没有问过他的身世,不知道这七尺之躯曾经饱受过怎样的屈辱与压抑,但他这种不向生命低头、不向生活乞讨的精神却使我深深地震撼了。这是一个真实意义的生命,完整的高贵的生命。是的,真正的生命决不在乎命运的摆布,无论何时何地,他都保持着生命的本色和灵魂的高贵,而不容亵渎。愈挫愈奋,越是困境就越是挣扎,卑微的生命因此散发出夺目的光辉。

挣扎首先是对命运的抗争。老子有句很发人深省的话,天地不仁,视万物为刍狗,任何生命的个体相对于浩渺的宇宙,都是那么微不足道。当我们小心翼翼、认认真真又信心百倍地为我们的明天放飞美丽的憧憬时,很多猝不及防的打击和挫折不知从哪个角落里冒出来,同我们不期而至,让我们的躯体和心灵承受生命超常的重量,把明天触手可及的美好变为镜花水月般模糊和遥远。有多少人,因此消沉,自暴自弃,甚至选择极端的方式了结生命。

鲁迅说,真正的勇士,敢于直面惨淡的人生。这勇士便是在逆境中的挣扎者。只有挣扎会使山穷水尽变得柳暗花明,会使悲剧性的生命变得悲壮而伟大。截瘫的史铁生坐着轮椅讲述遥远的清平湾的故事,是挣扎;残臂抱笔的朱彦夫写出30万字的极限人生,是挣扎;面对瘫痪而不哭的桑兰用迷人的微笑征服了全世界,也是挣扎。没有挣扎就没有瞎子阿炳如泣如诉的《二泉映月》,就没有陆幼青《死亡日记》的生命回忆。

真正的挣扎,不仅仅是对躯体残缺和病痛的抗争,更多的是对灵魂的升华和改造。我看过陈凯歌访谈录,其中有几句话很感人,他说,在拍片子遇到困难时,我不和其他人一样绕过去,冥冥之中,我总觉得一定有一个最完美的结局在那里等着我们去发现,去寻找,所以我这时常常像困兽犹斗,自己发狠去找到。困兽犹斗不正是在灵魂的沼泽里挣扎吗? 在我工作的县城里,有一位画家,一个傍晚,我去拜访他,夕阳透过窗户照在他沉思的脸上,他谈起这几年从画的感受,颇有感触地说,人活着,其实是在同自己过不去,半夜钟声催人醒,既然活着就不该轻易睡去呀。他说得一点儿也不轻松。我明白他的意思,他是在艺术的道路上不断地挣扎,冲破种种藩篱与禁锢,去寻求艺术的跳跃。这种挣扎尽管痛苦,却换来超越。

活着有时比死去困难得多,放弃大多比坚守容易得多。没有挣扎,生活也许平淡多了,安逸多了,但同时生命消亡得多了,如水的日子只是时间的积累和生命的递减,没有任何意义。

不要轻言放弃,不要固步自封,待在茧里沉睡,结果只是下酒物,挣扎后,你就会羽化成蛾,凌空飞舞。

心灵体验

在有风有雨的日子里，我们会遭受打击，会经历失败，甚至会山穷水尽。若选择退避，那只能是毁灭，只有挣扎会使山穷水尽变得柳暗花明，那，让我们挣扎吧！因为挣扎才能使自己的生命得以升华。

放飞思维

1.怎样理解"不要轻言放弃，不要固步自封，待在茧里沉睡，结果只是下酒物，挣扎后，你就会羽化成蛾，凌空飞舞。"

2.你怎样理解作者所指的"挣扎"，读完本文，你受到哪些启发和教育，有何感想？

醒醒吧，睡着的心灵巨人

◆魏念滨

生活中总有一些东西是不能缺失的，醒醒吧，那些过早睡去的心灵巨人，春蚕到死丝方尽，蜡炬成灰泪始干，只要主人的躯体还活着，你们就应该燃烧出感觉和温度。

每一个人心中都有一个巨人，它是一种精神，一种信念，一种来自未来世界的美好呼唤。

这个巨人很早就停驻在我的心房，引领我在十年寒窗清苦的学习生活中咀嚼阳光的味道。那段日子确实单调乏味，尤其是高三，学习非常紧张，大家绷着弦拼着命整天与书本做伴，周而复始地吃饭、学习、睡觉，有限的课外活动也是和各种各样的学习知识紧密相连。我那时苦中寻乐，有个小小的习惯，下课铃一响，经常一个人跑到走廊尽头，打开窗户，看天上的流云。一看到那些自由的白云，我的心就会莫名地激动起来，那是我心中的巨人在作怪。它让我把白云想象成未来，高远而澄清，太阳光一照，有着热烈的色彩。上课铃一响，那个巨人又会不失时机地将我从遐想中唤回，并且谆谆告诫我，要努力听讲哟，要好好用功哟，为了你那多姿多彩的未来和崇高远大的理想。

虽然后来我没能如愿以偿实现自己的理想，考取自己喜欢的大学喜欢的专

127

业,但我还是心平气和地接受了现实的安排,因为我心中的巨人给了我恰到好处的劝解与宽慰,它说留得青山在,不怕没柴烧,是金子到哪里都会发光的。在它的感召下,我摩拳擦掌在大学校园的各种舞台上释放青春的光芒,在它的牵引下,我如饥似渴地在校图书馆里汲取各种各样的知识营养,它总是在关键时刻将我从各种虚浮的诱惑中扯拽出来,将身心投入更为有益的事情上去。有了它,我才知道辛苦地付出是为了什么,有了它,我才知道应该怎样去做,人生的旅途才不会短路。

大学毕业后,一脚迈进社会。悠闲的工作,甜蜜的恋情,宽敞的住房,美满幸福的婚姻生活,愉悦心灵的同时,也使心灵失去了动力——心中的那个巨人自以为功德圆满竟早早躺在薄薄的档案里昏昏睡去了。生活在喝茶、看报、提职加薪、家长里短中以一种惯性的方式延续,生活的目的早已模糊不堪。和周围的许多人一样,我甚至希望自己的日子能够沿着这样一种惯性一直生活下去,波澜不惊,安然至退休,至死亡。

在某个不经意的早晨,送女儿去幼儿园的路上,我偶然间抬头看到了天上那一轮喷薄跃出的红日,映得它周遭的云彩红彤彤的一片,很是撩人情绪,记忆的一角豁然开启,心中昏睡的巨人竟以诗的形式复苏出现:"从明天起,做一个幸福的人 / 喂马,劈柴,周游世界 / 关心粮食和蔬菜 / 我有一所房子 / 面朝大海,春暖花开"。这是海子的诗,就是那个写了《瓦尔登湖》后卧轨自杀的诗人。时光荏苒,青春不再,海子式的浪漫与激情早已在我们的心灵深处沉淀,"喂马、劈柴",日出而作,日落而息,琐碎的日子里,我们早已忘了还要"周游世界",我们不再有梦,不再有追求,在面对蔚蓝的天空时我们不再有飞翔的憧憬和拥抱太阳的热望。心灵缺少精神巨人的主宰,窗外的阳光、绿树、和风就不能尽收眼底,我们只关心"粮食和蔬菜",我们看不到"春暖花开",我们生活的空间变得越来越狭窄。

生活中总有一些东西是不能缺失的,醒醒吧,那些过早睡去的心灵巨人,春蚕到死丝方尽,蜡炬成灰泪始干,只要主人的躯体还活着,你就应该燃烧出感觉和温度。即使这辈子我们能够做到的仅仅是"放马、劈柴",我们也不该放弃理想,停止飞翔,我们要怀着一颗诗心生活,面向生活的大海,我们的内心应该永远怀着春暖花开的期待。

我们每个人的心中都有一个巨人,他常常在沉睡着的,甚至让你感觉不到他的存在,并拼命借助外界的一切,结果往往徒劳无功,于是,产生了各种烦恼和抱怨。用自己的力量唤醒心中的巨人,你的激情,你的人生坐标,会在瞬间明朗起来,人生也会迅速得到提升。

1. 你相信心中巨人的存在吗？我们该如何找到他，并唤醒他？让他成为人生的牵引？
2. 你知道作者所指的心中的巨人是什么吗？

快乐的共鸣

◆罗 兰

> 快乐不是一条单音的旋律；它需要来自多种
> 音响的协奏与共鸣。

我们的每一天都要靠自己去涂上彩色，否则，它就可能是一片空白。

这彩色就是生活的内容。当你度过了充实、活跃而有成绩的一天，到了晚上，才觉得日子没有白过，而人生也就因此而有乐趣。

朋友A从国外回来，带来了许多漂亮的彩色纸、绸、纱和毛料。还带来了许多手工艺的书。闲时和爱好工艺的朋友一同做纸花、缝靠垫、做壁饰；每做成一件，就约朋友来欣赏一下。一面喝茶、谈谈天，日子里充满了乐趣。当这些工艺品积多了之后，就开个展览会给更多的人来欣赏。

她说："小快乐才是构成人生乐趣的主要旋律。"

朋友B在郊区买了一幢小小的市民住宅。因为房屋坐落在山脚下，风景绝佳，就常约三五好友，带上一点儿野餐，偷闲半日，去山上寻幽探胜，山坡上跑跑，小庙里坐坐，一面谈谈文章或人生心得。所费无几，生活却有了浪花，心情就不会呆滞。

他说："又何必一定要跑到远处去观光？"

朋友C家中有个小小的后园，于是植花种树成了生活的最大乐趣。偶尔去乡下走走，带回一些柳枝、景茎、兰根，试着栽培。小园里随时有新叶新花，闲时约好友同来欣赏，趣味盎然。

他说："创造的快乐并不难求呢！"

朋友D平时工作甚忙，但他却每月抽出半日，办了一个文友雅聚。下午2时至5时，茶点招待。朋友们随时可来，有事即可早退。因为不是正式聚餐，没有人数多少的负担。来三五人、八九人、十数人，都可聚晤，茶点既无客数限制，临时人多，也不难立刻添补，可说是最自如的聚会。

他说："友情即是乐趣。又何必一定享受高官厚禄，或得奖出名才觉快乐呢？"

成功与荣誉的得来非易。它们是大快乐，要靠多少年的辛苦耕耘。而它的目标无止境，成功之外另有更大的成功在等待你去追求；荣誉之外另有更大的荣誉在吸引你去获致，如果你只能在成功与荣誉得来的那一刻才感到快乐，那么你日常的人生必然只剩下紧张、焦灼与苦闷了。

何况成功与荣誉贵在有人愿意与你分享。日常只顾奔忙，而忽略了友情则即使成功与荣誉集于一身，又有什么真正的乐趣呢？

尤其当你退休之后，一生繁华似乎俱已过去。如果没有适当的方法来使生活充实，就只有凄惶待毙了。那又岂是当初努力辛勤工作的本意？

人生的意义在于尽量把握有生之年，发挥自己的所长，并享有宽朗和平的乐趣。

发挥自己所长是向自己内心去发掘，去充实，去磨炼。享有宽朗和平的人生乐趣，是向周围环境的付出。把自己所知、所有、所得，与别人分享。你会觉得生活的空间广大开朗；生活的内容丰富多彩，日子就不会枯燥乏味了。

快乐不是一条单音的旋律；它需要来自多种音响的协奏与共鸣。它不单是发射，而更需要回应。当你在动情聆听林间鸟语，你会听到它们的鸣唱总是此起彼应，越唱越有精神。

生活中最大的快乐，是做些别人认为你做不到的事，那是自己快乐的希望！或许我们做不成大事，只能做出充满爱心的小事，这就是"种植快乐"！

1.文章列举四位友人生活乐趣的方式，告诉我们一个什么道理？

2.文章中所写的四位朋友的故事有何特点？能否将这四个故事的内容删掉，说明其理由。

3.结合文章内容，谈谈你对成功、荣誉与快乐的理解。

人生如下棋

◆林 夕

人生如下棋，不管多么精彩的棋，其中总有遗憾。

父亲喜欢下象棋。那一年，我大学回家度假，父亲教我下棋。

我们俩摆好棋，父亲让我先走三步，可不到三分钟，三下五除二，我的兵将损失大半，棋盘上空荡荡的，只剩下老帅、仕和一车两卒在孤军奋战，我还不肯罢休，可是已无回天之力，眼睁睁看着父亲"将军"，我输了。

我不服气，摆棋再下。几次交锋，基本上都是不到 10 分钟我就败下阵来。我不禁有些泄气。父亲看看我说："你初学棋，输是正常的。但是你要知道输在什么地方。否则，你就是再下上 10 年，也还是输。"

"我知道，输在棋艺上。我技术不如你，没有经验。"

"这只是次要因素，不是最重要的。"

"那最重要的是什么？"我奇怪地问。

"最重要的是你心态不对。你不珍惜你的棋子。"

"怎么不珍惜呀？我每走一步，都想半天。"我不服地说。

"那是后来。开始你是这样吗？我给你计算过，你三分之二的棋子是在前三分之一的时间内失去的。这期间你走棋不假思索，拿起来就走，失了也不觉得可惜。因为你觉得棋子很多，失一两个不算什么。"

我看看父亲，不好意思地低下头。"后三分之二的时间，你又犯了相反的错误：对棋子过于珍惜，每走一步，都思前想后，患得患失，一个棋子也不想失，结果一个一个都失去了。"

说到这，父亲停下来，把棋子重新在棋盘上摆好，抬起头，看着我，问："这一盘待下的棋，我问你，下棋的基本原则是什么？"

我想也没想，脱口而出："赢啊！"

"那是目的。"父亲不满地看了我一眼，"下棋最基本的原则是得、失。有得必有失，有失才有得。每走一步，你心里都要非常清晰：为了赢得什么，你愿意失去什么。这样才可能赢。可惜，大部分人都像你这样，开始不考虑得失，等到后来失得多了，又过于考虑得失，所以才屡屡败啊！其实不仅是下棋，人生也是如此呀！"

我看着父亲，又看看眼前的棋，恍然顿悟：人生不就是一盘待下的棋吗？所不

131

同的是,有的人,棋刚刚摆好,还没开场;有的人,棋已经下了一半,得失参半;而有的人,棋已经接近尾声,尘埃落定!

人生如下棋,不管多么精彩的棋,其中总有遗憾。

人生也不如下棋,下棋最大的好处是:如果你下错了,还可以接着下。

不同的人对人生有着不同的感悟,此文作者告诉我们:人生如下棋,不管多么精彩的棋,其中总有遗憾。的确如此,裴多菲为了自由,宁愿抛弃生命与爱情,文天祥为了丹心报国,也把生命放弃。走在人生棋盘上的我们,步步都应走好。因为,莽撞前行和瞻前顾后都会使我们留下太多的遗憾。

1.读完这篇文章,你得到什么启示?

2.作者认为"人生如下棋,不管多么精彩的棋,其中总有遗憾。人生也不如下棋,下棋最大的好处是:如果你下错了,还可以接着下。"谈谈你对这句话的理解。

捅破如纸的隔膜

◆董敬贵

人生在世,人与人之间的矛盾、误会是难免的。

为了引起学生对书写的重视,保持卷面整洁,提高应试能力,在这次期中考试前,我特意费了一番心思,决定在作文内容得分的基础上酌情或加或减一至三分的卷面分。阅卷时,将卷面分醒目地标在试卷上,以引起学生的注意。

正当我为自己的创造沾沾自喜时,电话铃响了,是负责复查试卷的校长打来的,严肃地质问我作文分数后面的那个分数是怎么回事。我说是卷面分。他说前面得的分数已经比较客观了,再加上或减去后面这个分数不合适,应该拿掉。当时我一下就火了:判好的分怎么说拿掉就拿掉呢?我不客气地说,你看着办吧,"啪",就把电话挂了。

明明是为了学生，督促学生养成一个良好的习惯，煞费了苦心，却得不到领导的支持和认可，并遭到了批评和否定，唉！我越想越气。又不是为我自己，这不全都是为了学生为了工作吗？不做调查就乱指示，什么领导，这以后的工作可怎么开展……唉！他怎么找我的毛病不找别人的，太欺负人了。难道我得罪了他？我忧心忡忡，百思不得其解，心中的愤怒难以平息。

望望窗外，日已西照，发着昏暗的光，一脸半死不活的样子。树上的叶子已变黄，秋风阵阵，片片落叶像一股股的怨气飘飘荡荡落进了我的心里。

我没好气地拽了一下灯线，"啪"，灯线断了，真晦气！人倒霉了喝凉水也塞牙，干什么什么不顺，连根灯线这时也来欺负你！

看看同事们，若无其事各干各的，冷冰冰的面无表情，不！有表情，他们脸上都隐藏着一丝让人不易察觉的得意——对！是得意，是幸灾乐祸的得意——人情似纸薄啊！

我拿起一摞报纸，想找一些感兴趣的内容看看，可翻了一张又一张，乱七八糟的，一点可读的也没有，什么破报纸，于是不耐烦地往桌角上一扔。

我努力克制着，从抽屉中拿出了《长恨歌》，翻到中午看的页数。脑子里乱糟糟的，像一群无头苍蝇在里面乱飞乱撞乱闹。打开的书，不但一个字也看不进去，而且觉得它面目可憎，像一个丑八怪在张着大嘴笑。

"冷静三分钟"，我不停地告诫自己，可心情却像澎湃的江水难以平静，我气冲冲地找到校长，想劈头盖脸地和他吵一架，来发泄心中的怨气。

迎接我的却是一张笑脸，像浇在沸腾的开水上的一瓢凉水，使我的心平静了下来，气消了一半。于是我把这种做法的初衷详细地向校长解释了一遍。校长听了很高兴："你这种做法很不错，可以看出是费了心思的。通过比较，可以看出，你教的这两个班的语文试卷确实干净整洁，效果不错。你既然判好了分，我看就不动了。"

一场怨恨、怒气，像开了口的气球，眨眼就消了。我和校长说笑着走出了教学楼，虽已近黄昏，夕阳却像一张笑脸，无限灿烂。

人生在世，人与人之间的矛盾、误会是难免的。如果一味地生闷气、钻牛角尖，就会像陷进了泥潭，越陷越深。应学会乐观积极，心胸豁达。俗话说：木不钻不透，话不说不明。遇到问题，应加强人与人之间的沟通与交流，有时，它就像一层薄薄的纸，稍稍一捅就会破。

现代社会需要沟通。文明社会应是：

心灵与心灵的呵护；

生命与生命的延续；

精神与精神的共鸣；

高尚与高尚的畅行。

1. 仔细阅读文章最后一段，体味其中的含义。

2. 生活中你是否同你的家人和朋友有隔膜，你会怎样处理？

3. 每个人的内心世界都有一扇门、一把锁，必须配把适当的钥匙才能打开这把心锁，打开这扇心门，你有这把钥匙吗？

摆 渡 自 己

◆吴苾雯

> 人生的路上，有平川坦途，也会撞上没有舟的
> 渡口没有桥的河岸。

生命的日子里，有晴天，也会有阴天雨天。

人生的路上，有平川坦途，也会撞上没有舟的渡口没有桥的河岸。

烦恼、苦闷常常像夏日里的雷雨，突然漂过来，将心淋湿。挫折苦难常常猝不及防地扑过来，你甚至来不及发出一声叹息就轰然被击倒。

倒在挫折的岸边、苦难的岸边，四周是无边的黑暗，没有灯火，没有星星，甚至没有人的气息。恐怖和绝望从黑暗里伸出手紧紧地钳住可怜的生命。有的人倒在岸边再没爬起来，有的人在黑暗里给自己折了一只船，将自己摆渡到对岸。

20岁忽然残了双腿的史铁生，为自己折了一只船。这是一只名为"写作号"的船。他是在看穿了"死是一件无须着急的事，是一件无论怎样耽搁也不会错过的事"，才在轮椅中给自己折了这只船，将自己从死亡的诱惑里摆渡出来，"决定活下去试试"。

正攻读博士学位却患了运动神经细胞病，不能说、不能动的史蒂芬·霍金，做了一场自己被处死的梦。梦醒后，万念俱灰的他突然意识到，如果被赦免的话，他

还能做许多有价值的事情。于是他给自己折了一只"思想"的船,驶进了神秘的宇宙,去探讨星系、黑洞、夸克、"带味"的粒子、"自旋"的粒子、"时间"的箭头……

在苦难岸边匆匆折成的船,成了不幸命运的救赎之路。

也许一生中我们不会遭遇这样的大灾大难,然而我们何曾摆脱过阴天雨天雪天,何曾摆脱过绝望的纠缠!折磨人生的,一是生存,一是爱情,它们常常突然间就浊浪翻滚地横亘在面前,你愁肠百结地找不到过去的桥,痛不欲生地找不到可以渡过去的船。这种无路可走的绝望,一生中谁不碰上几回!

当我们知道苦难是生命的常态,烦恼痛苦总相伴人生时,我们何必要自怨自艾,早早地放弃,早早地绝望?

有的人将求生的本能折成一条船,将自己摆渡出绝望的深渊。有的人将新的欲望折成一只船,渡过了挫折后的痛苦与沮丧。有的人将希望折成一只船,驶过了重重叠叠的黑暗。实在无船可渡的人,哪怕用幻想折只小船呢,也要奋力将自己摆渡到对岸。

也许我们不曾经历感情的剧痛,不曾经历失败的打击,不曾经历无路可走的绝望,可是晴朗的日子里也常会有阴风晦雨袭来。它像一只黑乌鸦扇着翅膀在你周围鼓噪着,足以将一份好心情踩躏得乱七八糟。这种时候,我们同样需要有一只船来摆渡自己。这种船也许是去听一场音乐会,也许是捧起一本书,也许是去给互联网上从未谋面的网友发封电子邮件,也许是背上旅行袋悄悄出门。

所以,无论命运多么晦暗,无论人生有多少次颠簸,都会有摆渡的船,这只船常常就在自己手里。

著名寓言作家克雷洛夫说:"现实是此岸,理想是彼岸,中间有着湍急的河流,行动则是架在川上的桥梁。"只要我们一生都努力朝着彼岸奋力摇桨,即使不能为人中豪杰,成为一代天骄,也会有自己的幸福感和成就感,无愧我们的人生。

1.为"摆渡自己"拟写一个支撑句。

2.写出全文的主旨句。

3.在你的人生中,握在你手里的是一只怎样摆渡的船呢?

独对夕阳美好

◆ 邓 皓

> 是的，人生的美丽是无穷尽的。只要你有心投
> 靠美丽。所以有人说贫穷而能听到风声也是好的。

从什么时候起，我便钟爱了夕阳呢？

在一幕高挂的天空里，一轮夕阳托举在云层里，恬静而美好。那光泽浓稠而不炽热，如淬了烈焰的钢。而周遭的云霞蔚为壮观，编组成一块五彩的画屏。你专注于去看那画屏时，那夕阳就分明跃坐于画屏之上。像极了安详静坐的禅者。

浩然的天宇许多的时候是单调而苍白的。无数的日子太阳就一整天不肯露出脸来。所以，你去看天没有一个时光比夕阳垂挂于蓝天时美好。哪怕日出时的那种辉煌也远远比不过夕阳隐退时的那份沉静的壮观。何况，欣赏美丽要有一份清静、怡然的心态。在观望日出和日落之间，谁会拥有更多的怡然，还用说吗？

小的时候，家乡有一条河。是河却唤作沱江。我是因为沱江爱极了夕阳的。那时，我们喜欢去沱江边戏耍，打水漂，捉螃蟹，几个人一块儿的时候，还能划船呢！尤其是秋天，河水退去汛期之后，整个的沱江静若处子。站在沱江岸边，极目远眺，弯弯曲曲的那便是一条白白的练带。你的思绪就要随着这素洁的练带翔舞开来。而黄昏的时候，我们便看到一只白色的水鸟在亮翅斜飞，时而掠过水面画出一圈涟漪，无穷的自在。而这时夕阳总是倒映在清澈而静寂的沱江里。远远看去，便是一团火球在五彩的光波里沐浴。我们心里感受着这无穷的美好，却不知早在一千多年前王勃就吟诵过"落霞与孤鹜齐飞，秋水共长天一色"的佳句了。那时，小小的我只知夕阳的美丽，却无论如何不知道在夕阳里寻觅一份美好的心境的。犹如那时候生活在乡下的我，看着父母从田间劳作归来，脸上总是挂着幸福而满足的神情，我以为是他们自己心里有什么快乐了，却不知他们的快乐来自他们踏着夕阳归来的那份心情。

待我慢慢长大，我才知道人类生命中的美丽的一半来自于对自然景观的留意和欣赏。我不敢想象天空没有日月星辰的轮回会是什么模样？季节没有春夏秋冬的变迁会是怎样的萧索？树木没有春华秋实的更替会是怎样的荒凉？我于是开始留意了生活中美好的一切！而这份留意让我发现了人生原本充满着好丰富的情趣！也许是作家大都喜欢孤独和宁静，我是极其喜欢在夕阳里沉思遐想的。面对一轮夕阳，端坐在阳台上，或者散步在郊野，让橘红色的光波在周身沐浴，摊开手来，

握一把暖暖的夕阳,你便能找到"悠然见南山"的心境了。而正是在这种恬然的心境下,你的思绪便纷纷扬扬地散开来,那份情境沉浸而美好。你可以想象,卢梭的名著《一个孤独的散步者的遐想》或许其中最奇谲的灵感和哲思就来自于夕阳下的思考呢!

有时候,人生的一些不如意也让我的情绪低落了,而这时候最是我独对夕阳沉思的时候。那夕阳静默不语,却以她博大和壮观的内蕴扩展着我的心胸。人生难免有失意和挫折,就像这夕阳如此美好,也有消融在天际的时候。而自信的人儿不是乐观地道出了一句"夕阳今朝落下去,明朝依旧爬上来"吗?我于是更加喜欢在夕阳里审读人生,去用心感触生命中的点点滴滴。久而久之,我把独对夕阳的静思看成是对人生的一种参禅。

是的,人生的美丽是无穷尽的。只要你有心投靠美丽。所以有人说贫穷而能听到风声也是好的。何况,我真是一无所有的时候,我还可以在自己的居室里独对夕阳的美好。甚至,我可以对那轮夕阳说:你整个儿就是我的呢!而让人快慰的是:夕阳并不责备我的贪婪。

于是,一些简简单单的日子,我不惧怕贫穷的劳碌。我庆幸,我能以一颗丰盈的心小心地爱着我拥有的生活。

心灵体验

作者独对夕阳,以一颗清静、怡然的心,欣赏着夕阳的美好:夕阳不语,却内蕴博大和壮观。作者由此联想到人生,与这美好的夕阳也有消融的时候一样,人生的美丽无穷尽,但人生也难免有失意和挫折,要坚信"夕阳今朝落下去,明朝依旧爬上来",只要你有心投靠美丽。

放飞思维

1.说说作者在《独对夕阳美好》中表达了怎样一种情思?

2.文章语言文字非常优美,你能结合文章分析作者的语言特色吗?

3.透过文章的字里行间,透过"我"对夕阳独有钟爱,作者意在阐明什么人生哲理?

粉 碎 痛 苦

◆张建星

生活是决不会给下跪的弱者以阳光雨露的。
而且,那样的弱者绝不值得同情、可怜!

痛苦属于别人,
欢乐属于自己。
一个 31 岁,童年贫困,少年受过欺辱,并不断战胜命运的男子汉,浸着真诚的血和生活的汁液写下上面那两句话。

如果"自杀"可以作为一个"哲学命题",如果"自杀者"都有这种感悟,或者能写下其中一句的时候,他或她,就会重返生活,去征服,去占有,去收回属于自己的那份阳光!

阳光普照大地,但不是每个人都能感觉到应该属于自己的那份阳光。因此,他或她也只能走向黑暗。

我体会了,我也懂得了,所以我承认:生活中的确有虚伪、欺骗和阴影。对此,本来善良、真诚的我们究竟应该怎么办?束手无策? 或是也进入恶的境界,以恶对恶? 那么,这个世界不是更黑暗,更阴冷了吗?

其实,跪着什么也得不到! 即便掏尽了,掏空了,斩断一切后路也难以得到些许真正的理解! 跪着只是一个被鞭打的姿态,被欺辱的姿态! 给权力下跪,权力便加倍地奴化你;给俗辈下跪,俗辈便会踩着你的头顶,衬托自己的高贵;给金钱下跪,金钱便睁着嘲笑乞丐的冷眼;给爱情下跪,爱情便和下跪者一起变得浅薄粗俗……

站着吧! 站着才是一个人的形象!

也可能站着什么也得不到,但得不到也是站立着的形象,也是平视俯视生活。我们从生活的底层和命运抗争,是一步步站着走向地平线的。跪着寸步难行! 跪着前行,充其量不过是一个可怜虫的形象。

我要说,不论痛苦之箭如何刺穿我——

我也决不下跪!

生活是决不会给下跪的弱者以阳光雨露的。而且,那样的弱者绝不值得同情、可怜!

潇洒只属于强者,就像欢乐和光荣永远属于真男子、真英雄一样。

为了追求,为了苦恋,为了被理解,为了寻找一块能够终生依据的圣地,有人掏出心和青春的血还不够,在跪倒之后,又选择匍匐前进。

于是刚性被所谓的韧性软化了;而所谓的韧性又被粉碎成渣,成沫,成为无可提炼的废水和酸雨。

挺起身来,揩干净身上的泥土,吞下苦果,大步向前进! 匍匐者也只能默默地死去,因为,在死前,匍匐者便造就了一个类似死的姿态。

我讨厌属于弱者发明专利的一切技巧,哪怕这技巧能偷生,能获取,能得到苍蝇落到裱花蛋糕上那一霎时的幸福,我也拒绝。

活着就活个真诚,刚强! 是男人,活着就应讲真的英雄色,真的男人气! 真的洒脱,真的大度!

总是乞求别人救自己逃出苦海,乞求别人帮助自己摆脱痛苦! 但到头来,还是在苦海之中,在痛苦之中,还是在孤独之中。

其实,摆脱痛苦和创痛的办法就一条:永远真实地活着,不欺骗别人,更不欺骗自己! 要爱就真爱,要恨就真恨。永远拥抱真实的生活,真实的幸福,真实的爱情! 只要把握住真实的自我,你就会永远占有机会,永远占有幸福,永远占有阳光! 你就会感到,原来这个世界的欢乐和幸福都能属于你!

只要不失去真实的自己,就什么也不会失去,失落。只要不失去真实的自己,在生活的考场上就永远不会丢分。只要不失去真实的自己,就不会陷入痛苦的境地而不能自拔。

世上只有一种痛苦的失意者:因为首先不懂得自己,不懂得属于自己的阳光,自欺欺人地苟活着!

我不再欺骗自己! 也绝不为了世俗欺骗自己! 生命苦短,所以,我不愿在这苦短的生命中再吞吃黄连。在痛苦中涅槃出来的一定是真金! 我要正告生活:属于我的幸福和欢乐我决不放弃,也决不会失去。

欢乐属于真实的我!

心灵体验

本文直面生活和人生,向我们提出了一个严峻的不容回避的人生课题,正因为"生活中的确有虚伪、欺骗和阴影",我们的人生才会有"痛苦",而追求幸福和欢乐又是每个人与生俱来的欲望。既然痛苦无法躲避,就只有战胜它,粉碎它,才会得到幸福。

1.阅读本文,对你的人生有怎样的启示?
2.通过阅读文章,你能体会到作者怎样的心境?

放弃,是另一种坚持

◆黄伯益

有所得必有所失,有所为必有所不为。如果说
坚持是一种品质,那么学会放弃就是一种智慧了。

　　记不清是哪一年的高考了,作文题目为《"找水"的启示》。题下配有一幅漫画:在一片干涸的土地上,一位找水者手握铁锹到处挖井,也许他已经奋战了几个昼夜,身后那几眼深浅不一的土井就像饥渴的眼睛,紧盯着他那疲惫而无奈的背影。其实,地下水源就在他的脚下,有一眼深井差点儿就成功了,遗憾的是,他在浅尝无功之时又转向了下一个目标,以至于功败垂成。在此,我们并不能责怪他的懒惰,因为,他是一个实实在在的实干家。但是,他又是一个地地道道的失败者,让每一个善良的旁观者为之扼腕。其实,在大多数情况下,坚持是一种品格,是获得成功的一种方式,比如,对爱情的坚持,你就会拥有忠贞不渝、相濡以沫的温情暖意;比如,对青春的坚持,你就会拥有海阔天空、勃勃生机的不老童心;比如,对事业的坚持,你就会拥有柳暗花明又一村的成功体验与欢乐……

　　人们一定会记得那个令人心悸的9月,满载着生命与欢乐的爱沙尼亚号游轮在茫无边际的大海上正一点点陷入死亡,恐怖的恶浪席卷了每一位乘客的心灵。此时此刻,在惊慌失措的人群中,有一对年轻的恋人,小伙子紧紧地抱着他的爱侣不停地说:"坚持住,一定要坚持住!"其实,姑娘已经咽气,小伙子仍不肯放下,还是那样紧紧地抱着她。那催人泪下的一幕至今仍铭刻在每位幸存者的心里。

　　"坚持住,一定要坚持住!"那种坚持并不仅仅是因为生命与爱情,更重要的是一种对人生的态度。在漫长的人生旅途中,我们会面临许多机遇与挑战,把握机遇,迎接挑战,就成为人生的重要课题。在现实生活中,我们经常会遇到这样的事,一个人为某一个目标苦苦守候了许多年,他后来实在坚持不下去了,就不再坚持。结果,他刚走,那个目标就出现了。有很多人努力了半辈子也没有成功,就自动放弃。其实,这个时候,成功距他往往只有一步之遥了。如果对一切都浅尝辄止,缺少耐性与毅力,机遇就会稍纵即逝,挑战也会成为又一次打击。

但是,守株待兔式的盲目坚持,则又是对生命的一种浪费。人是一种被各种欲望填充的集合体,荣辱得失祸福进退大都在一念之间。有一位学者曾到南隐禅师处问禅,见面之初他便从哲学及科学等角度阐释禅之要义。学者也许本就有好为人师之习性,也许是为显示其所学非薄,因此,一开口便滔滔不绝。南隐呢?禅师只是一直默默地倾听,并边给客人上茶。眼看茶杯已满了,可南隐还在往杯子里倒水。此时,学者闭口了,他眼睁睁地望着茶水不断地溢出杯子,提醒南隐道:"禅师,茶水已经溢出来了,不能再倒了。""是啊,你就像这只杯子一样。"南隐说:"你头脑装满了那么多东西,我就是跟你说禅,你也装不进去呀。"学者终有所悟。

有所得必有所失,有所为必有所不为。如果说坚持是一种品质,那么学会放弃就是一种智慧了。比如,放弃虚伪,你就会拥有一片真情的天空;比如,放弃仇恨,你就会拥有愉悦开朗的心情;比如,放弃安逸,你就会拥有拼搏进取的人生……

从某种意义上说,放弃,正是另一种坚持。

文章的标题是本文的观点,"放弃,是另一种坚持"。作者首先从高考作文题谈起,并通过摆事实来表明坚持是一种品质,是一种人生的态度,接着作者笔锋一转,以南隐禅师对学者说禅的故事,指出盲目的坚持,则是对生命的一种浪费。最后得出结论,"从某种意义上说,放弃,正是另一种坚持。"

1.从你的感受出发,写一段议论此文的文字,不必拘谨,可长可短。

2.如何理解"放弃,是另一种坚持"?

蓦 然 看 到

◆许达然

> 尤其是住在城市里的人，甚至整天嗅不到泥土的芬芳，如果把视线移向自然，眼睛与心灵就有许多欣喜了。

以为黢黑一片，可是一仰首蓦然看到几颗星眯笑，也就微笑了。

那夜从梦里醒来，捻开灯，不知惺忪的是灯光还是眼睛。走到室外，只觉夜是一片迷茫，仿佛夜也在做梦，想仰首深深吸一口气，看到上弦月浮在山岫，像一艘画舫停在蓝海上，顿时觉得自己是船夫，随着地球航行。

曾经去一个海岛。有一天爬山时，惊喜地发现一朵百合花开在一片绿中。如果那次的爬山是一首诗，那朵在山上瞥见的百合花，该是最美的一句了。我没有采它的欲望，因为如果采它，它很快就枯萎，我不愿为花写挽歌，蓦然看到它已使我满足。如果想拥有一切喜爱的东西，就不会再有满足的喜悦了。

摩西率领下的犹太人出埃及，走了好远好远的路，倏然看到约旦河，多狂喜！茫茫海上，几乎绝望时，远远瞅见岛，使死沉沉的船充满希望与欢乐。在一丛陌生的脸孔中霍地出现了一张熟悉的脸孔，两人惊喜相遇。一个作家也许长时思索而稿笺仍空白，却因瞥见一片云，一只鸟，一朵花或一棵树而勾起灵感。在一篇冗长而索然的文章里，瞬间看到警句，多振奋！卡罗尔笔下的爱丽思，梦中跌入兔子洞里，惊愕地看到一个与大人的世界全然不同的奇境。蓦然看到的许多事物常使我们惊喜，但不是在爱丽思的梦中，而是在我们现实的生活里。

只不过是轻飘的一缕轻烟，而有一日的喜悦。人生许多美丽的画面常开始于刹那。陶渊明采菊东篱下，那蓦然看到的悠然，从晋朝以来，不知羡煞多少人。一位将闭上眼睛的老人，恍惚看到远行的孩子回到身边，惨淡的嘴角顿时浮上一丝微笑，而含笑离开人间。即使在生命的最后一刻，人生的画面还可以因蓦然看到而添上美丽的一笔！

有一个美丽的故事说，在炮声暂停的战场上，一个士兵疲惫地把视线移向天空，看到一朵云在飘浮，他顿时陷入久远的遐思，忘记适才的紧张而松懈在一个完全属于自己的世界里。突然一声炮响传来，那士兵倒下去，在他的遐思中死去。那士兵死得并不像战士，却像诗人；他死得并不悲壮，却很美丽。

爱默生在日记里曾写："自然是个轻佻的女子，以她所有的作品引诱我们。"说自然轻佻,也许是因为她有太多的美。在大自然中,霎时看到的常觉得"美";但在人间看到的却常觉得"不美"。人这个筹码,常使大自然的天平不均。尤其是住在城市里的人,甚至整天嗅不到泥土的芬芳,如果把视线移向自然,眼睛与心灵就有许多欣喜了。

　　300多年前,英国有个年轻人蓦然看到苹果落地,匆匆一瞥使他构思了革命性的理论。思索蓦然看到的欣喜吧! 那是生活轻松与丰富的酵母!

　　"蓦然看到"是一份惊喜,是一份恬淡,是一份浓情,是对生活的大彻大悟,更是对美的发现与体悟。而人生许多的美丽就在于我们用心灵去感知去探求去发现。

　　1.阅读本文,你是否明白"人生许多美丽的画面"的含义究竟有哪些?在"蓦然"中看到时,你是否能留住呢?又该怎样才能留住那令人欣喜的美丽的画面呢?
　　2.阅读《蓦然看到》,你从中体味到了什么?

选　　择

◆[英]罗·克库克

　　　　年轻人似乎已横下心不说任何恭维的话,但
　　　　也没有流露出丝毫烦躁的神色,虽然他一直考虑
　　　　如何将谈话引到有意义的话题上去。

　　"有钱是多么快活!"坐在茶几旁的肖夫人,当她拿起古色古香的精细的银茶壶倒茶时,心里也许是这样想的。她身上的穿戴,屋里的陈设,无不显示出家财万贯的气派。她满面春风,得意之情溢于言表。然而,由此认定她是个轻浮的人,则是不公平的。

　　"你喜欢这幅画,我很高兴,"她对面前那位正襟危坐的年轻艺术家说,"我一直想得到一幅布吕高尔的名作,这是我丈夫上星期给我买的。"

　　"美极了!"年轻人赞许它说,"你真幸运。"

143

肖夫人笑了，那两条动人的柳眉扬了扬。她双手细嫩而白皙，犹如用粉红色的蜡铸成似的，把那只金光灿灿的戒指衬得更加耀人眼目。她举止娴静，既不抚发整衣，也不摆弄小狗或者茶杯。她深深地懂得，文雅给予人一种感染力。

"幸运?"她说，"我并不相信这套东西。选择才是决定一切的。"

年轻人大概觉得，她将富有归于"选择"两字，未免过于牵强。但他什么也没说，只是很有分寸地点点头，让肖夫人继续说下去。

"我的情况就是个证明。"

"你是自己选择当有钱人的?"年轻人多少带点揶揄的口吻。

"你也可以这样说。15年前，我还是一个笨拙的学生……"

肖夫人略为停顿，故意给对方说点恭维话的机会。但年轻人正在暗暗计算她在学校里待的时间。

"你看，"肖夫人继续说，"我那时只知道玩，身上又有一种叫什么自然美的东西，于是有两个年轻人同时爱上我。到现在我也搞不清楚他们为什么会爱上我。"

年轻人似乎已横下心不说任何恭维的话，但也没有流露出丝毫烦躁的神色，虽然他一直考虑如何将谈话引到有意义的话题上去。他太固执了，怎么也不肯逢迎。

"两个当中，一个是穷得叮当响的学艺术的学生，"肖夫人说，"他是个浪漫可爱的青年。他没有从商的本领，也没有亲戚的接济。但他爱我，我也爱他。另外一个是一位财力显赫的商人的儿子。他处事精明，看来前程不可限量。如果从体格这个角度去衡量。也可称得上健美。他也像那位学艺术的学生一样倾心于我。"

靠在扶手椅上的年轻人赶忙接住话茬，免得自己打哈欠。

"这选择是够难的。"他说。

"是的，要么是家中一贫如洗，生活凄苦，接触的尽是些蓬头垢面的人。但这是罗曼蒂克的爱情。要么是住宅富丽堂皇，生活无忧无虑，服饰时髦，嘉宾盈门，还可到世界各地旅游，一切都应有尽有……要是能两全其美就好了。"

肖夫人的声调渐渐变得有点伤感。

"我在犹豫不决的痛苦中煎熬了一年，始终想不出其他办法。很清楚，我必须在两人当中作出选择，但不管怎样，都难免使人感到惋惜，最后……"肖夫人环视了一下那曾为一家名叫《雅致居室》的杂志提供过不少照片的华丽的客厅，"最后，我决定了。"

就在肖夫人要说出她如何选择的这相当戏剧性的时刻，外面进来了一位仪表堂堂的先生，谈话被打断了。这位先生，不但像一位时装展览的模特儿，而且像一幅名画里的人物，他同这里的环境十分协调。他吻了一下肖夫人，肖夫人又将年轻人介绍给她的丈夫。

他们在友好的气氛中谈了15分钟。肖先生说，他今天碰见了"可怜的老迪克·

罗杰斯",还借给他一些钱。

"你真好,亲爱的。"肖夫人漫不经心地说。

肖先生稍坐一会儿就出去了。

"可怜的老迪克·罗杰斯,"肖夫人叹道,"我想你猜到了,那就是另外一个。我丈夫经常周济他。"

"令人钦佩。"年轻人略略地说,他想不出更好的回答。他该走了。

"我丈夫经常关照他的朋友,我不明白他哪来这么多时间。他工作够忙的。他给海军上将画的那幅肖像……"

"肖像?"年轻人十分惊讶,猛然从扶手椅上坐直了身子。

"是的,肖像。"肖夫人说,"哦,我没有说清楚吧? 我丈夫就是那位原来学艺术的穷学生。我们现在喝点东西,怎么样?"

年轻人点点头,似乎不知该说什么才好。

面对昏君佞臣,屈原选择了投江;

面对荒漠雪原,苏武选择了固守;

面对田园自由,陶潜选择了弃官;

面对大江东去,苏轼选择了旷达;

人生之于人,是一种选择,是一种穿越生命、穿越心灵的选择。

1.你感觉罗·克库克的这篇《选择》好吗?好在哪里?他是怎样结构全文的,有什么样的效果?

2.《选择》告诉我们一个怎样的道理?你会怎样选择你的生活?

生命不打草稿

◆思想者

生命并非演习,而是真刀真枪的实战。生活其实也不会给我们打草稿的机会,因为我们所认为的草稿,其实就已经是我们人生无法更改的答卷。

145

在学书法的时候,我曾经听我的一个老师讲过这样的一个故事:

有一个书法家教学生练字。有一次,一个经常用废旧报纸练字的学生,反映他自己已经跟着书法家学了很长时间,可一直没有大的进步。书法家就对他说:"你改用最好的纸试试,可能会写得更好。"

那个学生按照他说的去做了。果然,没过多久,他的字进步很快。他奇怪地问书法家是什么原因。书法家说:"因为你用旧报纸写字的时候,总会感觉是在打草稿,即使写得不好也无所谓,反正还有的是纸,所以就不能完全专心;而用最好的纸,你会心疼好纸,会感觉机会的珍贵,从而心态投入,也就比平常练习时更加专心致志。用心去写,字当然会进步。"

真的,平常的日子总会被我们不经意地当作不值钱的"废旧报纸",涂抹坏了也不心疼,总以为来日方长,平淡的"旧报纸"还有很多。实际上,这样的心态可能使我们每一天都在与机会擦肩而过。

生命并非演习,而是真刀真枪的实战。生活其实也不会给我们打草稿的机会,因为我们所认为的草稿,其实就已经是我们人生无法更改的答卷。

把生命的每天都当作那最好的一张纸吧!

作文时可以打草稿,做数学题可以打草稿,人生没有草稿,不能重来。我们认为是打草稿时,其实已经是在填写人生的答卷,让生活批改,并已记录在我们生命的成绩单上了。所以,我们要好好地珍惜时间,认真对待每一天,因为生命的每天都是最好的一张纸!

1.通过阅读文章,怎样理解文章标题《生活不打草稿》。
2.书法的故事告诉我们怎样的道理?